Wolfgang Gröne
Lucius, Sklave Roms

AF217349

Wolfgang Gröne

Lucius

Sklave Roms

Illustrationen von Johann Brandstetter

Hase und Igel®

Für Lehrkräfte gibt es zu diesem Buch
ausführliches Begleitmaterial beim Hase und Igel Verlag.

Originalausgabe
© 2007 Hase und Igel Verlag GmbH, Frei-Otto-Straße 18,
80797 München, service@hase-und-igel.de
www.hase-und-igel.de
Druck: Friedrich Pustet GmbH & Co. KG, Gutenbergstraße 8,
93051 Regensburg, technik@pustet.de

ISBN 978-3-86760-069-9
8. Auflage 2025

Inhalt

1. Kapitel: Die Entführung

Lucius trieb sein Pferd zur Eile an. Er ritt auf einem schmalen Pfad, den noch vor kurzer Zeit andere Pferde entlanggelaufen waren. Obwohl Lucius erst zehn Jahre alt war, konnte er gut Spuren lesen. Traurige Gedanken und Erinnerungen aber machten ihn unaufmerksam. So übersah er die Hufabdrücke, die abgeknickten Sträucher und Zweige, deren Bruchstellen noch frisch waren …

Jetzt war es zu spät! Ulbius, ein früherer Soldat seines Vaters, der Lucius bei Ausflügen begleitete, zuckte plötzlich im Sattel zusammen. Mehrere Pfeile hatten ihn getroffen. Wenig später neigte sich sein Körper zur Seite und fiel wie ein nasser Sack auf die Erde. Antinos, Lucius' persönlicher Sklave, schrie hinter ihm auf: „Edler Lucius, das ist ein Hinterhalt! Wir müssen …" Weiter kam er nicht – auch er wurde von einem Pfeil getroffen. Antinos versuchte noch den Pfeil herauszuziehen, doch dann stürzte er vom Pferd.

„Nein!", schrie Lucius verzweifelt, als er Antinos leblos am Boden liegen sah. In diesem Moment ging ein Pfeilregen auf Lucius nieder. Kurz darauf spürte er einen brennenden Schmerz in seiner Schulter. Lucius stöhnte laut auf und gab seinem Pferd die Sporen. „Los, Fontanus, bring mich hier raus!", brüllte er seinem Pferd zu und beugte sich tief zu dessen Hals hinunter. Er griff mit der rechten Hand nach dem Zaumzeug und tastete gleichzeitig mit der linken nach der schmerzenden Schulter. Deutlich spürte er den Pfeil, der immer noch darin steckte. Fontanus wieherte kurz, sprang über den am Boden liegenden Ulbius und galoppierte den Pfad entlang. Wieder surrten Pfeile dicht an Lucius vorbei und blieben in den Bäumen links und rechts stecken. Hinter sich konnte er hören, wie einige Männer auf Germanisch nach ihren Pferden schrien.

Während Fontanus immer tiefer in den Wald preschte, wagte Lucius einen Blick nach hinten. Erst konnte er niemanden entdecken, denn der Weg machte viele Kurven. Kurz darauf aber erreichte er eine kleine Lichtung. Jetzt

erkannte er vier oder fünf bewaffnete Männer, die ihn verfolgten. Lucius stutzte. Die Männer trugen germanische Kleidung. Einer von ihnen aber war offenbar ein Römer, seine Haltung im Sattel und sein Reitstil kamen Lucius irgendwie bekannt vor. Doch woher? Und warum wollten die Männer ihn töten?

Lucius' Pferd erreichte wieder den Wald, der nun dichter und dunkler wurde. Gut, dass Fontanus nur ihn, einen

Jungen, zu tragen hatte und nicht die Last eines erwachsenen, noch dazu bewaffneten Mannes. Seine Verfolger fielen langsam zurück. Lucius riss die Zügel nach rechts und Fontanus raste in vollem Galopp quer durch den Wald. Er suchte sich einen Weg zwischen Bäumen, Hecken und Gesträuch. Zweige schlugen Lucius hart ins Gesicht.

Plötzlich blieb Fontanus abrupt stehen. Lucius schleuderte über den Kopf des Pferdes und rollte einen Abhang hinab. Der Schmerz in seiner Schulter raubte ihm fast den Verstand. Unten prallte er mit dem Kopf gegen einen Stein – und dann wurde alles schwarz um ihn.

An das Folgende konnte sich Lucius später nur ungenau erinnern. Man musste ihn am Fuße des Abhangs gefunden haben. Eine alte Frau mit runzligem Gesicht, schlohweißem Haar und Händen, knotig wie Knollen, saß an seinem Lager. Sie kühlte sein Gesicht, sprach mit ihm.

Fieberträume gaukelten ihm Bilder vor, die er nicht sehen wollte. Sein Vater erschien ihm. Er kam auf einem Pferd in seiner Kriegsrüstung auf ihn zu, das Gesicht blutbespritzt. „Du bist jetzt allein, Lucius", sagte er mit schwerer Stimme. „Sei wachsam und tapfer!" Er glitt wie Ulbius vom Pferd. „Nein, Vater! Nicht du!", schrie Lucius. Er sah sich vor den Männern der Legion weinen und schämte sich. Römer weinen nicht. Römer kämpfen!

Für lange Zeit nur die alte Frau. Plötzlich ein neues Gesicht. Ein Mann mit einer Narbe quer über der Stirn. Er sagte etwas zu der alten Frau und gab ihr einen ledernen Beutel. Lucius verstand nicht, was das bedeutete. Er wehrte sich, so gut er konnte, als ihn der Mann mit der Narbe hochhob und aus der Hütte trug. Doch er wurde wieder ohnmächtig.

Ein gleichmäßiges leichtes Ruckeln ging durch seinen Körper, als er wieder wach wurde. Er tastete nach seiner Schulter. Unter einem leichten Verband spürte er nur noch einen schwachen Schmerz. Er blinzelte. Als er den Kopf hob, sah er schneebedeckte Berge. Er konnte hören, was um ihn herum geschah: das Klappern von Kochgeschirr, das Schnauben von Pferden, das Quietschen von Wagenrädern. Er lag in einem offenen Wagen. Wo war er?

Lucius richtete sich auf und sah hinaus. Links erstreckte sich eine weite Ebene und rechts erkannte er einzelne kleine Wälder. Sie fuhren auf einer römischen Straße nach Süden. Hinter dem Wagen trotteten aneinandergekettete Gestalten mit zotteligen roten und blonden Haaren, vor Schmutz starrend, in wollenen Hosen und zerschlissenen Umhängen. Männer und Frauen. Manche zogen auch Kinder hinter sich her.

„Na, kleiner Langschläfer? Haben wir ausgeschlafen? Dann wollen wir uns doch bestimmt mal die Beine vertreten, nicht wahr?"

Lucius drehte sich um. Auf dem Kutschbock saß der Mann aus der Hütte. Lucius wollte etwas sagen. So etwas wie: „Wer seid Ihr? Wohin fahren wir?", aber seine Zunge und sein Mund wollten die Laute nicht formen. Er hatte vergessen, wie man sprach. Er war stumm!

2. Kapitel: Der Sklavenmarkt

Claudia hatte die letzte Nacht kaum geschlafen. Heute sollte sie einen Sklaven bekommen. Zusammen mit ihrem Vater wollte sie einen Jungen in ihrem Alter auswählen, der nur ihr allein gehorchte. Er würde sie beschützen, wenn sie in der Stadt unterwegs war, Briefe an Freundinnen überbringen, Besorgungen machen, alle möglichen kleinen Arbeiten für sie ausführen. Er würde mit ihr erwachsen werden und sie immer begleiten. Natürlich sollte er auch etwas hermachen, denn Claudia wollte mit ihm angeben, selbst wenn ihr Vater das verurteilte.

Julia Tullia, ein Mädchen aus der Nachbarschaft, hatte schon einen Sklaven. Einen kleinen, kräftigen, schwarzhaarigen Gallier, den sie Herkules nannte. Sie bildete sich mächtig was auf ihren Herkules ein. Herkules hier, Herkules da! Claudia ging ihr mittlerweile aus dem Weg. Sie würde heute einen Jungen kaufen, der diesen Herkules in die Schranken weisen würde. Denn die Sklaven der Mädchen hatten neuerdings eine weitere Aufgabe.

Hinter dem Tempel der Diana fanden seit Kurzem geheime Kämpfe der Sklaven statt. Irgendwann waren dort zwei Mädchen aneinandergeraten. Fast hätte es eine richtige Schlägerei gegeben, aber dann waren sich die Mädchen dafür doch zu fein gewesen und hatten stattdessen ihre Leibsklaven aufeinandergehetzt. Das war so unterhaltsam gewesen, dass Raufereien der Sklaven zu einem spannenden Zeitvertreib wurden.

Natürlich war höchste Geheimhaltung geboten. Erwachsene durften nichts davon erfahren. Gerade deshalb waren diese Kämpfe angesagt und Julia Tullia hatte sich bis jetzt mit ihrem recht kräftigen Herkules durchgesetzt. Bis jetzt!

An der Hand ihres Vaters ging Claudia zum Forum Romanum, um sich auf dem Sklavenmarkt umzuschauen. Je näher sie dem Markt kamen, desto dichter wurde das Gedränge. Immer wieder mussten sie Sänften Platz machen, in denen vornehme Damen und Herren lagen. Schon bevor sie das Forum erreichten, hörten Claudia und ihr Vater die Sklavenhändler, die ihre Ware anpriesen. Sie vernahmen Musik, Gesang, aber auch das Knallen der Peitschen und die Schreie der Getroffenen.

Am Forum schließlich waren überall die sogenannten Catasta aufgebaut: große, drehbare Holzscheiben, auf denen Sklaven standen, die verkauft werden sollten. Einige Händler hatten sich auf verschiedene Typen von Sklaven spezialisiert, zum Beispiel Sänftenträger. Diese waren alle gleich groß, hatten die gleiche Haar- und Hautfarbe und wurden nur in Gruppen verkauft. Man hatte sie eingeölt, damit die kräftigen Körper schön glänzten. Andere Händler verkauften Sklaven für den Haushalt: Köche, Gärtner, Musiker, Tänzer und Diener. Eine besonders große Gruppe bildeten die Sklaven, die für die Arbeit auf den Feldern vorgesehen waren. Sie waren weder groß noch klein, nur mäßig stark und nicht besonders gut aussehend. Und wahrscheinlich hatten sie auch keine besonderen körperlichen Fähigkeiten. Sie waren Massenware und wurden in großen Gruppen verkauft. Ihr Los war schwere Arbeit und ein kurzes, hartes Leben. Besonders beachtet wurden dagegen die Sklaven aus den Provinzen, die zum ersten Mal zum Verkauf standen. Sie sahen so wild und brutal aus, dass es einen fröstelte. Kein Wunder, denn es waren Barbaren aus den Urwäldern jenseits der römischen Grenze.

Claudia betrachtete alles mit Neugier, aber sie sah keinen Sklaven, der ihr gefiel. Ein paarmal war ihr Vater schon auf eine Catasta hinaufgestiegen und hatte sich die Wachstafel am Hals eines Jungen durchgelesen. Dort standen das Herkunftsland, die Fähigkeiten, Vorzüge und Mängel. Aber immer wieder hatte Claudia abgewunken.

Schließlich wurde es ihrem Vater zu bunt. „Claudia Marcella!" Er nannte immer ihren zweiten Namen, wenn er ungeduldig mit ihr wurde. „Kannst du dich jetzt endlich einmal entscheiden?"

„Es ist schwierig! Irgendwie fehlt den meisten etwas. Ich weiß bloß noch nicht, was." Natürlich wusste sie genau, was den meisten fehlte: Sie waren nicht kräftig genug, um Julia Tullias Sklaven Herkules in die Knie zu zwingen.

„Beim Jupiter, das kann doch nicht so schwer sein. Er soll schließlich nicht im Circus Maximus kämpfen!"

„Nein, Vater", grinste sie, als sie an Herkules dachte, „zwischen den nächsten dreien werde ich mich entscheiden. Das verspreche ich dir."

Plötzlich hörte sie lautes Geschrei. Sie schaute in die Richtung, aus der der Lärm kam, und sah einen Jungen die Catasta herunterspringen. Ein wütender, dicker Mann krümmte sich vor Schmerz auf der Drehscheibe, während sich ein anderer mit einer langen Narbe auf der Stirn kurz bei dem Dicken entschuldigte und dann mit einigen Männern dem Jungen hinterherlief. Dieser rannte bereits die Stufen zur Basilica hinauf – gut hundert Meter in nur wenigen Sekunden.

Der Junge ist schnell, dachte Claudia. Neugierig beobachtete sie das weitere Geschehen.

Als der Junge gerade in der Basilica verschwinden wollte, tauchten plötzlich die Männer des Ädils auf und packten ihn an der Schulter. Der Junge trat wie ein Besessener um sich und schaffte es tatsächlich, zwei Erwachsene zum Straucheln zu bringen. Wahrscheinlich hätte er sich sogar ganz befreien können – aber in diesem Moment erschien der Narbenmann mit seinen Helfern. Claudia sah, wie der Narbige ausholte und den Jungen mit einem Schlag niederstreckte. Er packte ihn, warf ihn über seine Schulter und trug den Bewusstlosen zurück zur Catasta.

Der und kein anderer, dachte Claudia und zog ihren Vater zum Stand des narbigen Sklavenhändlers.

Ihr Vater ahnte, was sie vorhatte: „Oh nein, junge Dame, nicht den! Vergiss ihn ganz schnell."

„Warum nicht? Er ist bestimmt günstig! Onkel Severus sagt immer: Sklaven, die Ärger machen, sollte man schleunigst loswerden. Diesen Jungen wollen die Sklavenhändler garantiert ganz schnell an den Mann bringen. Außerdem scheint er recht kräftig zu sein. Wenn ich mit ihm nichts anfangen kann, kannst du ihn an eine Gladiatorenschule verkaufen oder aufs Land schicken. Für schwere Arbeiten braucht man doch immer jemanden. Und …"

„Hör auf, bitte!", bat ihr Vater und hielt sich die Ohren zu.

„Papa, Senator!", versuchte Claudia sich bei ihrem Vater einzuschmeicheln. „Ein kleiner Versuch nur. Wenn er sich als zu widerspenstig entpuppt, kannst du mir den Nächsten aussuchen."

Senator Marcellus Flaccus verfluchte seinen Bruder für die Ratschläge, die er seiner Tochter gab, nannte sich selbst einen Dummkopf und ging mit Claudia zu dem narbigen Sklavenhändler.

Dieser war tatsächlich heilfroh, den Jungen aus Germanien loszuwerden, und versprach, ihn am Nachmittag an die Adresse des Senators zu liefern. Weil der Sklave aufsässig und, wie sich herausstellte, stumm war, gelang es dem Senator, den Preis kräftig herunterzuhandeln.

Wenn es ums Geschäft geht, hat Onkel Severus immer recht, dachte Claudia zufrieden.

3. Kapitel: Was tun?

Lucius hatte von dem ganzen Handel nichts mitbekommen. Er erwachte erst einige Zeit danach aus seiner Ohnmacht. Sein Kopf schmerzte fürchterlich. Der Mann mit der Narbe schaute ihn giftig an, riss ihn unsanft auf die Beine und zischte ihm auf Germanisch ins Ohr: „Hör mir gut zu! Bisher hast du siebenmal versucht zu fliehen. Du kannst froh sein, ich hätte dich eigentlich sofort an den nächstbesten Bauern verkaufen sollen. Ich frage mich, warum ich das nicht getan habe." Er kratzte sich am Kopf, scheinbar hatte er eine schwierige Aufgabe zu lösen. „Das ist jetzt egal! Dich hat ein vornehmer Senator für seine Tochter gekauft. Du hast wirklich Glück. Fordere es nicht heraus. Du kannst nicht fliehen. Das haben schon ganz andere versucht. Sagt dir der Name Spartacus etwas? Nein? Dann erkundige dich einmal nach ihm." Er kräuselte die Stirn und grinste spöttisch. „Ach stimmt, du kannst ja nicht sprechen. Füge dich in dein Schicksal, Freundchen." Er verpasste Lucius eine schallende Ohrfeige. „Damit du meinen Rat nicht so schnell vergisst!" Er drehte sich um und wandte sich wieder seinen Geschäften zu.

Lucius' Wange brannte wie Feuer und sein Kopf dröhnte. Tränen stiegen ihm in die Augen – nicht Tränen des Schmerzes, sondern der Wut.

Zwei Gehilfen des Sklavenhändlers brachten ihn ein paar Stunden später zu einem Schmied. Dieser legte Lucius einen gusseisernen Ring um den Hals, auf dem der Name des Besitzers und dessen Wohnort eingraviert worden waren. Danach schubsten die zwei Gehilfen Lucius aus der

Schmiede. Sie banden ihm die Hände mit einer Lederschnur auf dem Rücken zusammen, nahmen ihn in ihre Mitte und machten sich auf den Weg zum Haus des Senators Flaccus.

Während sich Lucius mit seinen Bewachern durch den Abendverkehr schob, überlegte er, was er als Nächstes tun könnte. Auf Fluchtversuche sollte er vorerst besser verzichten. Man konnte ihn ohnehin an dem Halsring sofort als Entflohenen erkennen. Außerdem wusste er, dass der Sklavenhändler recht gehabt hatte: Er hatte noch Glück gehabt, denn er war nicht als Land-, Bergwerks- oder Mühlensklave verkauft worden. Stattdessen würde er nur den Launen eines verwöhnten Mädchens ausgeliefert sein. Irgendwann ergab sich bestimmt eine neue Chance zur Flucht, das spürte er. Deshalb hieß es jetzt: den stummen Dummkopf spielen, bis er wieder frei war. Dann würde er sich auf die Suche nach seinem Onkel Metellus machen. Metellus war der Bruder seiner Mutter und sein letzter lebender Verwandter. Er hatte Lucius und seine Eltern einmal kurz in Mogontiacum besucht, bevor er wieder ins ferne Rom zurückgefahren war.

Rom! Sein Vater und seine Mutter hatten immer wieder davon gesprochen, in ihre Heimat zurückzukehren. Doch der damalige Kaiser Vespasian hatte es nicht erlaubt, weil er einen so ausgezeichneten und erfahrenen Legaten wie Lucius' Vater unbedingt in Germanien brauchte, um die Grenzen zu sichern.

Lucius' Mutter war daraufhin krank geworden und in dem langen harten Winter, der hinter ihnen lag, gestorben. In seiner Erinnerung sah er sie auf dem Bett liegen, klein und zerbrechlich, ihre Haut fast durchsichtig. Sie hatte sehr gelitten und war schließlich in einen Schlaf gefallen, aus dem sie nicht mehr erwacht war.

Lucius' Vater hatte seinen Schmerz verborgen und war nach ihrem Tod oft auf die Jagd geritten. Immer allein. Irgendwann war er von einem seiner Ausritte nicht mehr zurückgekehrt. Die Soldaten seiner Legion hatten nach ihm gesucht, doch nirgends fand man eine Spur von ihm. Schließlich hatte man ihn für tot erklärt. Lucius war nun Waise. Oft dachte er an seinen Vater. Was war ihm zugestoßen? Hatte ihn ein wildes Tier gerissen? Hatten ihn Räuber oder Barbaren überfallen?

Lucius zwang sich zu anderen Gedanken. Onkel Metellus könnte ihn retten! Lucius musste ihn finden. Hier irgendwo in Rom lebte er und würde alles aufklären. Onkel Metellus würde ganz bestimmt helfen.

Mit neuer Hoffnung ging Lucius zwischen seinen beiden Wächtern die Straße zum Aventin, einem der sieben Hügel Roms, hinauf. Nachdem sich die Männer einige Male verlaufen hatten, fanden sie schließlich das Haus des Senators. Sie klopften an der kleineren von zwei Türen, die in die lange weiße Fassade eingelassen waren, und warteten. Nach einer kleinen Weile hörte Lucius, wie die Tür entriegelt wurde. Vor ihnen stand ein zwei Meter großer, muskulöser Mann in einer Tunika. Er musterte die beiden Gehilfen des Sklavenhändlers. Dann sah er Lucius an und fragte: „Der neue Sklave der edlen Claudia, nehme ich an?"

Lucius nickte.

„Du verstehst Römisch. Das ist gut. Komm herein." Eine riesige Hand legte sich auf Lucius' Schulter und zog ihn ins Haus.

„Hier, von Senator Flaccus für eure Mühen", hörte er den großen Mann zu den beiden Wächtern sagen. Er warf ihnen zwei Geldmünzen zu und schloss die schwere Tür. Dann führte er Lucius ins Atrium, einen großen Hof, der von einem Säulengang umgeben war. Von hier aus konnte man kleinere Räume betreten. Durch eine große Öffnung im Dach strömte Tageslicht ins Haus, denn zur Straße hin gab es keine Fenster.

„Nun, mein Kleiner! Du stehst im Haus des Senators Gaius Marcellus Flaccus und seiner Frau Vibia. Du bist jetzt ihr Eigentum. Wenn du dich ordentlich verhältst,

wirst du der edlen Claudia Marcella Flaccus dienen dürfen." Der Riese sprach langsam und betonte jede Silbe. „Höre ich keine Klagen oder Beschwerden, wird dir der Eisenring abgenommen. Tust du treu deine Pflicht, wirst du mit Gold belohnt werden. Wenn du es sparst, kannst du dich irgendwann freikaufen. Aber das ist noch lange hin. Mein Name ist Bulbus, ich kümmere mich um den reibungslosen Ablauf des Haushalts. Mich solltest du nie wütend machen." Damit drehte er Lucius und nahm die Fesseln von seinen Händen.

Anschließend ging er langsam um Lucius herum und blieb vor ihm stehen. „Ich weiß, dass du stumm bist. Aber ich weiß auch, dass du kein Dummkopf bist. Das sehe ich an deinen Augen. Folge meinen Anweisungen und denen der Herrschaften! Hast du verstanden? Wenn ja, dann nicke!"

Lucius nickte und hatte das erste Mal, seit er in Rom war, das Gefühl, einen guten Menschen vor sich zu haben. Er seufzte leise.

„Endlich, endlich!", rief eine Mädchenstimme und Lucius sah eine kleine Gestalt auf sich zuspringen. Irgendwie musste er dabei an die Hasen denken, die er früher bei der Jagd aufgescheucht hatte.

Bulbus verbeugte sich vor dem Mädchen und brummelte: „Edle Claudia! Euer neuer Leibsklave!"

„Natürlich ist er das, Bulbus!", antwortete das Mädchen aufgeregt und schüttelte dabei ihre schwarzen Haare.

Lucius schaute in ihre unternehmungslustigen Augen und dachte: Beim Jupiter, das kann ja heiter werden!

4. Kapitel: Haussklave bei Familie Flaccus

In den nächsten Wochen musste der neue Sklave verschiedenste Arbeiten im Haushalt der Familie Flaccus verrichten. Er wusch Teller und Töpfe, schleppte Holz für den Ofen, wischte die Fußböden, befreite die Wände vom Ruß der Öllampen, stapelte Weinamphoren und vieles mehr. Bewährte er sich, würde ihn bald die Tochter des Hauses befehligen.

Bulbus war immer in seiner Nähe und beaufsichtigte ihn, gab ihm kleine Hinweise, wie manche Arbeiten schnell und zur Zufriedenheit aller erledigt werden konnten. Er sorgte auch dafür, dass die anderen Sklaven des Haushalts nicht ständig ihren Spaß mit ihm trieben und ihn ärgerten. Bulbus verteilte die Aufgaben an die Sklaven, denn er war für die täglichen Arbeiten in dem großen Haus des Senators verantwortlich. Persönliche Feindschaften konnten auf Dauer sehr viel Unruhe ins Haus bringen. Außerdem trennten Bulbus nur noch wenige Jahre von der Freiheit. In absehbarer Zeit würde er den Senator bitten, sich mit seinem ersparten Geld freikaufen zu dürfen.

Claudia beobachtete ihren zukünftigen Leibsklaven sehr genau. Sie freute sich darüber, dass der Germanenjunge seine Vorliebe für aufregende Fluchtversuche aufgegeben hatte. Weil er immer so grimmig schaute, gab sie ihm den Namen Charon, nach dem Fährmann, der die Verstorbenen ins Reich der Toten brachte.

Sie konnte es kaum erwarten, ihren Sklaven gegen den kleinen Gallier von Julia Tullia antreten zu lassen. Seit ihr Lucius in Aussicht stand, ging sie Julia nicht mehr aus dem Weg, sondern suchte geradezu ihre Gesellschaft. Sie ließ des Öfteren durchblicken, dass ihr Sklave bald den Gallier herausfordern werde und dieser dann nur noch bemitleidet werden könne. Denn ihr Leibsklave komme aus den Tiefen der germanischen Wälder, wo er sich nur von rohem Fleisch und Fisch ernährt habe.

Julia Tullia lachte sie allerdings aus und fragte immer wieder, wo ihr schrecklicher Barbar denn nun sei. „Ist er noch im germanischen Urwald oder gibt es ihn nur in deiner Fantasie, Claudia?", spottete sie.

Für Claudia war das unerträglich. Noch sonnte sich dieses arrogante Mädchen im Ruhm ihres Galliers, dem unangefochtenen Sieger zahlreicher Kämpfe. Aber nicht mehr lange.

Nach einem Monat ging sie schließlich zu ihrem Vater und bat ihn, Charon nun ihrer Verantwortung zu übergeben. Der Senator erkundigte sich eingehend bei Bulbus, wie sich der neue Sklavenjunge eingelebt habe. Nachdem ihm nichts Nachteiliges berichtet worden war, bat der Senator seine Tochter zu sich und sagte: „Also gut, Claudia, hiermit unterstelle ich den Jungen deiner Aufsicht. Sei ihm eine gute Herrin. Wenn du ihn gut und gerecht behandelst, wird er stets treu zu dir stehen. Sei aber auch hart und nicht zu nachgiebig, wenn er sich dir gegenüber frech verhält. Er wird in Zukunft vor deiner Kammer schlafen, auf dich aufpassen und dir ohne Widerrede zu Diensten sein."

„Ja, Vater, ich werde deinen Rat befolgen." Innerlich führte Claudia einen Freudentanz auf. Jetzt war der kleine Gallier dran! Und dann würde sie Julia Tullia mindestens ein Jahr lang mit kleinen Sticheleien und Gemeinheiten

überschütten. Ihre Mimik verriet nichts von diesen Über-
legungen. Claudia schaute ihren Vater ernst an und dankte
ihm für sein Vertrauen.

Sie hatte sein Arbeitszimmer schon fast verlassen, da
rief er ihr hinterher: „Ach ja, Claudia! Ich möchte deinen
Namen übrigens nicht im Zusammenhang mit Kämpfen
von Leibsklaven junger Damen hören, die angeblich hinter dem Tempel der Diana stattfinden. Diese neue Mode
wirst du nicht mitmachen, verstanden? Sonst streiche ich
dir den Sklaven und die Wagenrennen im Circus Maximus
für mindestens ein halbes Jahr."

Claudia schluckte. Sie fragte sich, welches Mädchen
ihren Mund nicht gehalten hatte, und tat dann so, als
wüsste sie nichts von dieser Angelegenheit: „Welche
Kämpfe? Am Diana-Tempel? Das ist ja unglaublich! Wer
hat denn das erzählt, Papa? Poppea Veria oder …"

„Du weißt schon, was ich meine. Und nun geh!" Damit drehte sich der Senator um und beugte sich wieder
über seine Arbeit.

Claudia schlenderte mit gemischten Gefühlen durch
das Atrium und dachte über die Worte ihres Vaters nach.
Es konnte gefährlich werden, wenn er dahinterkam, dass
sie ihm nicht gehorchte. Andererseits würde die Ehre der
Familie Flaccus von Julia Tullia in den Schmutz gezogen
werden, wenn sie nicht mit Charon hinter dem Tempel
der Diana erschien. Da gab es kein Zurück!

Sie rief Bulbus und teilte ihm mit, dass sie jetzt zu einer
Freundin gehe und Charon sie begleiten solle. Ein paar
Minuten später waren beide auf dem Weg. Claudia hatte
ihrem Sklaven ihren Umhang in die Hand gedrückt.
Nun ging sie ihm voraus den Aventin hinunter.

Nach einer Weile begann Claudia, Charon auf die Kämpfe der Leibsklaven vorzubereiten. Sie bemühte sich dabei um einen herrischen Tonfall, der ihr jedoch nicht besonders gut gelang: „Charon, Bulbus hat dir sicher erzählt, dass du von heute an nur noch für mich da bist, meine Befehle befolgst und mir alle Wünsche erfüllst, die du erfüllen kannst. Tust du das, wird auch dir irgendwann die Freiheit winken." Sie blieb stehen und drehte sich zu ihm um. „Wenn nicht, werde ich dafür sorgen, dass du auf die Landgüter meines Vaters geschickt wirst. Verstanden? Dafür w…werde ich s…s…sorgen!"

Sie geriet ins Stottern, als sie in die Augen ihres Sklaven sah, der sie fragend anschaute und dann langsam nickte. Claudia war seltsam zumute. Ruckartig drehte sie sich wieder von ihm weg und lief weiter die Straße hinab.

Auf halbem Wege tauchten plötzlich Julia Tullia und ihr Gallier auf, der ihr ergeben hinterherlief.

Das kommt ja früher als erwartet, dachte Claudia und bemerkte, wie ihr Puls sich beschleunigte.

5. Kapitel: Ein wahrhaft römischer Sieg

„Wenn das nicht Claudia mit ihrem schrecklichen Charon aus den Wäldern Germaniens ist!", rief Julia spöttisch, als sie Claudia und Lucius in den Weg trat. Sie war ein dünnes, großes und auffallend bleiches Mädchen. Lucius schaute belustigt auf den kleinen, stämmigen Kerl, der schwer atmend und voll bepackt mit Körben hinter Julia Tullia stand – eine Spargelstange und ein Holzkohlestück auf Wanderschaft.

„Julia, wie schön dich zu sehen!", entgegnete Claudia und Lucius konnte hören, dass ihre Freundlichkeit gespielt war.

„Ja, ja. Kommen wir sofort zur Sache", antwortete Julia Tullia. Sie machte eine kleine Pause und sagte dann ein wenig von oben herab: „Ich schlage vor, dass wir uns in einer Stunde am Tempel der Diana treffen. Dort wird

Herkules deinem Charon zeigen, wie bemitleidenswert das Leben für einen Sklaven des Hauses Flaccus sein kann."

„Einverstanden. In einer Stunde." Lucius spürte, wie Claudias Stimme vor Erregung leicht bebte. Einen Moment lang schauten sich die beiden Mädchen wortlos an, dann gingen alle vier wieder ihres Weges.

Wie verabredet waren Claudia und Lucius eine Stunde später am Diana-Tempel. Eine ansehnliche Menge Kinder hatte sich dort versammelt. Sie plauderten wild durcheinander. Lucius wusste noch immer nicht, was dieses Treffen hinter dem Tempel bedeuten sollte. Er sah, wie er neugierig gemustert wurde, und bemerkte leises Getuschel, aus dem er einzelne Wörter wie „Germanien", „wild" und „Herausforderer" heraushörte.

„Ah, da bist du ja, Claudia Flaccus!", vernahm er Julia Tullia. „Jetzt wollen wir sehen, wer den besten Gladiator des Aventins besitzt und welche Familie die erste in Rom ist!" Damit trat sie zur Seite und hinter ihr wurde der kleine Gallier sichtbar, der Lucius mit seinen schwarzen Augen streitlustig anschaute.

Allmählich verstand Lucius: Diese kleinen, verwöhnten Gören hetzten ihre Sklaven wie Gladiatoren aufeinander und ließen sie für den Ruhm ihrer Besitzer kämpfen. Er drehte sich fragend zu Claudia um, die unsicher dastand und ihren Blick senkte, dann aber erregt und mit Nachdruck rief: „Los, Charon! Verteidige die Ehre der Familie Flaccus!"

Lucius dachte daran, sich einfach umzudrehen und zu gehen, aber dann würde dieses kleine Biest Claudia dafür sorgen, dass er sich auf einem der Landgüter ihres Vaters zu Tode schuften musste. Mit einem Seufzer stellte er sich also dem kleinen, dunklen Kerl entgegen. Um sie herum begannen die Kinder Julia Tullias Sklaven anzufeuern: „Her-ku-les, Her-ku-les!", dröhnte es in Lucius' Ohren. „Cha-ron, Cha-ron!", schrie dagegen niemand, nicht einmal Claudia, die den Beginn des Kampfes aufgeregt beobachtete.

Lucius erinnerte sich an die Lehrstunden mit Ulbius, dem alten Freund seines Vaters, der so viele Schlachten heil überstanden hatte. Sie hatten oft miteinander geübt und der alte Soldat hatte Lucius viele Tricks beigebracht. Jeden Tag hatten sie trainiert, mal mit Holzschwert und Schild, mal mit dem Pilum, dem Wurfspieß. Dazwischen aber kämpften sie auch ohne Waffen, mit bloßen Händen. Die erste Lektion von Ulbius lautete: „Unterschätze niemals deinen Feind! Behalte ihn stets im Auge!"

Und genau das machte Lucius jetzt. Herkules näherte sich in leicht gebückter Haltung mit weit ausgebreiteten Armen. Lucius trat ein wenig nach links, worauf Herkules in dieselbe Richtung ging. Er wollte Lucius direkt von vorn attackieren. Der Abstand zwischen den beiden Kämpfern verringerte sich – da startete Lucius einen Überraschungsangriff. Er deutete einen Ausfallschritt nach links an, sprang dann aber leichtfüßig nach rechts. Der kleine Gallier war zu langsam. Mit einer raschen Bewegung lief Lucius an ihm vorbei und stand hinter ihm. Noch bevor Herkules begriff, was passierte, drehte Lucius ihm den Arm auf den Rücken. Fast gleichzeitig drückte Lucius seine Knie von hinten in die Kniekehlen seines Gegners und brachte Herkules dadurch zum Straucheln. Der Rest war ein Kinderspiel. Schon lag der Gallier flach auf dem Bauch und Lucius kniete mit einem Bein auf seinem Rücken.

Die „Herkules"-Rufe waren längst verstummt. Einzig das Schnaufen des kleinen Galliers, der mit dem Gesicht im Dreck lag, war nun zu hören.

Lucius blickte zuerst zu Julia Tullia. Dieser stand der Mund vor Überraschung weit offen und sie wirkte noch bleicher als sonst. Dann schaute Lucius sich langsam im Kreis der Kinder um, bis sein Blick an Claudia hängen blieb. Sie sah Lucius ungläubig an, sichtlich erstaunt über den schnellen Sieg. Ein Lächeln huschte über ihr Gesicht.

Ja, dachte Lucius zufrieden, dies ist ein Sieg, der eines Römers würdig ist. Er hatte hinter dem Tempel der Diana triumphiert!

Vorn auf der Straße hatte man von all dem nichts mitbekommen. Dort herrschte reger Verkehr, die Menschen gingen ihrem Tagewerk nach. Als sich Lucius zur Straße umschaute, entdeckte er plötzlich … Ja, konnte das nicht …? Er war sich nicht ganz sicher. Doch dann sah er ihn richtig: den Reiter aus Germanien! Der gleiche rotbraune Umhang, dasselbe Pferd, die gleiche seltsame Reithaltung. Er ritt ohne Eile die Straße zum Circus Maximus hinunter. Lucius erstarrte fast. Er wollte „Mörder, Mörder!" schreien, aber es kam nur ein Krächzen über seine Lippen: „Mör…!" Er ließ den ächzenden Herkules los und sprang auf, um den Reiter zu verfolgen. Mit langen Schritten rannte er am Tempel vorbei auf die Straße und stolperte über einen Stein, der ihn fast zu Fall gebracht hätte. Hinter sich hörte er Julia Tullia kreischen: „Er reißt aus! Er hat Angst! Der Kampf ist ungültig!"

Er achtete nicht auf das Geschrei und rannte weiter. Langsam kam er dem Reiter näher. Als er ihn fast eingeholt hatte, verstellte ihm plötzlich eine massige Gestalt den Weg. Es war Bulbus. Lucius prallte gegen ihn und fiel rückwärts in den Staub.

Mit einem schnellen Griff packte Bulbus Lucius an den Armen und richtete ihn auf. „Na, wo wollen wir denn so schnell hin?"

Lucius ruderte mit den Armen und versuchte sich von Bulbus loszureißen, aber der hielt ihn fest.

Von hinten kam Claudia die Straße heruntergelaufen und rief schon von Weitem außer Atem: „Charon, du Dummkopf! Du hast doch gewonnen! Warum läufst du denn weg?"

Lucius sah dem Reiter hinterher, der in der Ferne verschwand. Verzweifelt schaute er zu Bulbus hoch, der seinem Blick gefolgt war und Lucius nun fragend ansah.

Mit großer Anstrengung stieß Lucius das Wort „Mörder!" hervor.

„Mörder?", wiederholte Bulbus überrascht und kratzte sich am Nacken.

6. Kapitel: Neue Freunde

Claudia kam näher. Erschrocken erkannte sie Bulbus, der ihren Leibsklaven fest im Griff hatte. Das verhieß nichts Gutes! Ihr Vater hatte den Hünen wahrscheinlich hinter ihr hergeschickt, um sie und vor allem Charon zu überwachen. Dass dies notwendig war, hatte sich nun ja offenbar bestätigt.

Bestimmt hatte Bulbus auch die verbotenen Kämpfe hinter dem Tempel der Diana mitbekommen. Das konnte für Claudia wirklich bitter werden. Was hatte ihr Vater ihr in seinem Arbeitszimmer angedroht? Sie dürfe, falls man sie im Zusammenhang mit den Kämpfen erwischte, für ein halbes Jahr keine Veranstaltung im Circus Maximus mehr besuchen. Vielleicht sogar länger. Und Charon werde auf die Landgüter gebracht. Eine schreckliche Vorstellung! Der Ruhm, den sie gerade erst durch den Sieg ihres Leibsklaven erlangt hatte, schien wie Sand zwischen ihren Fingern zu zerrinnen. Noch immer hatte sie Julia Tullias Stimme im Ohr: „Er reißt aus! Er hat Angst! Der Kampf ist ungültig!" Ungültig, so ein Blödsinn. Jeder hatte gesehen, dass Herkules keine Chance gehabt hatte. Claudia fluchte leise vor sich hin, als sie bei Bulbus und Charon ankam.

Bulbus stand breitbeinig vor ihr und lächelte. „Bitte, erlauchte Claudia? Was habt Ihr gesagt?", fragte er.

Claudia versuchte unbeteiligt zu klingen, was ihr allerdings nicht besonders gut gelang. „Oh, hallo, Bulbus! Was machst du denn hier?"

„Euer Vater sagte, ich solle besser noch ein wenig in Eurer Nähe bleiben, wenn Ihr mit Charon das erste Mal allein unterwegs seid. Sicher ist sicher, meinte er. Deshalb habe ich Euch im Auge behalten und übrigens auch alles andere mitbekommen."

Mist, Mist, Mist!, dachte Claudia. Entweder musste sie jetzt einlenken und ein Abkommen treffen oder Bulbus bei ihrem Vater als Lügner bezichtigen. Doch Letzteres würde bestimmt nicht funktionieren. Vater glaubte Bulbus alles. Sie kannten sich schon seit mehr als zehn Jahren.

„Bulbus, du weißt, dass du für mich der treueste und beste und liebste Sklave unserer Familie bist! Das weißt du doch, oder?"

Bulbus musste schmunzeln. Auch wenn ihn diese Schmeicheleien von Claudia amüsierten, ging er nicht darauf ein. „Ich wusste gar nicht, dass der Tempel der Diana solch einen hübschen kleinen Park hat. Wie eine Miniaturarena. Und dass dort Kämpfe zwischen Sklaven stattfinden, war mir bislang auch noch nicht bekannt. So etwas! Ich dachte immer, die gäbe es nur im Circus oder im Theater. Dass Ihr, edle Claudia, dort ebenfalls Euren Sklaven kämpfen lasst, ist ja allerhand! Der Senator weiß davon bestimmt noch gar nichts."

„Also gut, Bulbus. Sag, was du willst." Claudia war jetzt wütend. Sie stemmte ihre Hände in die Hüften und versuchte den großen Bulbus mit Blicken zu durchbohren. Doch damit hatte sie nicht den geringsten Erfolg.

„Herrin! Ich will keinen Ärger mit Euch. Aber mir ist in den letzten Wochen einiges an diesem Jungen hier aufgefallen. Erstens: Für einen Germanenjungen versteht er ausgezeichnet Römisch. Zweitens: Er kann ein wenig Römisch lesen, nicht viel, aber immerhin. Und drittens: Schaut Euch seine Hände an: keine Schwielen, keine

Hornhaut sind zu sehen. Damals, als ich Gladiator war, kannte ich Männer aus Germanien, die heiße Kohlen mit ihren Händen anfassen konnten, ohne auch nur mit der Wimper zu zucken. Solch eine dicke Hornhaut hatten die! Aber diese hier?"

Er riss Lucius' Hände hoch und hielt sie Claudia hin. Das Mädchen fuhr behutsam mit dem Zeigefinger über die Innenseiten der Handflächen. Bulbus irrte sich nicht. Diese Hände hatten nie gearbeitet, abgesehen von den letzten drei Wochen im Haus der Familie Flaccus. „Hast du gesehen, ob er schreiben kann?"

„Nein, Herrin. Aber das können wir ja sofort feststellen." Bulbus schaute um sich, entdeckte ein Stück Stein und sagte zu Lucius: „Los, Junge! Schreibe deinen wirklichen Namen auf die Straße."

Überrascht sah Claudia, was ihr Sklave mit einiger Mühe auf die Pflastersteine kratzte: L V C I V S.

„Lucius", murmelte Claudia. Nachdenklich betrachtete sie den Namen zu ihren Füßen.

„Kannst du noch mehr schreiben?", fragte sie Lucius, aber der schüttelte den Kopf. Richtig schreiben konnte er also nicht. Trotzdem schien Bulbus recht zu haben. Mit diesem Jungen stimmte etwas nicht. Wer war er?

„Schade, dass er nicht sprechen kann!", sagte Claudia.

„Oh, Herrin, das kann er. Er lief gerade einem Reiter hinterher und als ich ihn stoppte, sagte er unter großer Anstrengung das Wort ‚Mörder'."

Mörder? Na, das schien ja wirklich interessant zu werden. Claudias Neugier war endgültig geweckt. Ein Geheimnis, ein Rätsel – großartig! Sie schaute von Lucius zu Bulbus und fragte dann unternehmungslustig: „Was schlägst du vor, Bulbus?"

„Ganz einfach. Ich vergesse, was ich gesehen habe, und dafür werden wir versuchen, etwas mehr aus diesem Lucius hier herauszubekommen. Ihr werdet mir helfen, verehrte Claudia. Ihr bringt ihm Lesen und Schreiben bei, damit er seine Geschichte erzählen kann. Denn es scheint so, als sei einiges in seinem Kopf verschüttet, das wir wieder ausgraben könnten."

Dieser Vorschlag gefiel Claudia. Die Angelegenheit versprach einige Aufregung, so viel war klar. Mehr jedenfalls, als sich immer wieder mit Julia Tullia zu streiten. Außerdem konnte sie Charon, nein: Lucius, erst einmal behalten. Auch die Rennen im Circus Maximus waren auf diese Weise nicht gefährdet.

„Gut, Bulbus. Abgemacht! Versuchen wir diesem Rätsel hier", sie deutete mit einer schnellen Kopfbewegung auf Lucius, „auf die Spur zu kommen. Jetzt muss ich mich allerdings beeilen. Es ist spät! Mama erwartet mich sicher schon in der Therme."

„Wir bringen Euch dorthin, nicht wahr, Lucius?", antwortete Bulbus lachend und klopfte dem Jungen beherzt auf die Schulter, sodass dieser fast gestolpert wäre.

7. Kapitel: Onkel Metellus

Am nächsten Tag wurde Lucius von lautem Vogelgezwitscher geweckt. Er lag in der Vorkammer von Claudias Zimmer auf einer Matratze, die mit Stroh gefüllt war, und war glücklich – zum ersten Mal, seit er in Rom angekommen war. Er hatte nun zwei Verbündete gefunden, die ihm helfen konnten, sich aus seiner misslichen Lage zu befreien. Mit Feuereifer würde er heute seinen Pflichten nachgehen und keinen Grund zur Klage liefern.

Bald nach Lucius erwachte das ganze Haus zum Leben. Die Sklaven begannen mit ihrem Hausdienst und der Senator setzte sich an seine Schreibarbeiten. Claudias Mutter, Vibia Marcella, wurde von zwei Sklavinnen frisiert und geschminkt, während Claudia dabeisaß und zuschaute.

Nach etwa einer Stunde traf sich die Familie im Atrium vor einem kleinen Hausaltar, der sich in einer Nische befand. Claudia und ihre Eltern huldigten den Ahnen der Familie und baten sie um Schutz und Glück, wie es in einem römischen Haus üblich war.

Bei einem kleinen Mahl, das die drei anschließend zu sich nahmen, besprach der Senator mit seiner Frau den Tagesablauf. Gegen Abend wollte man zusammen in den Thermen baden.

Schließlich stand der Senator von seiner Liege auf. Er reckte sich, richtete seine weiße Toga mit dem roten Purpursaum und ging zur Vordertür, die Bulbus und Lucius bereits geöffnet hatten.

Draußen herrschte wie jeden Morgen Tumult. Zahlreiche Klienten warteten schon vor der Tür. Lucius kannte diese Morgenempfänge, denn auch sein Vater hatte als einflussreicher Mann in Mogontiacum Klienten gehabt. Die Gründe für ihr Kommen waren hier wie dort dieselben. Viele kamen wegen Rechtsstreitigkeiten und wollten sich Rat vom Senator holen. Andere wiederum erwarteten Essen, Kleidung und auch etwas Geld für den Tag. Die meisten aber erschienen aus reiner Höflichkeit. Der Senator versuchte seinen Klienten möglichst alle Wünsche zu erfüllen. Zum Dank waren sie treue Gefolgsleute.

Das war wichtig für den Ruf der Familie. Viel Gefolgschaft bedeutete viel Ehre. Die Klienten applaudierten zum Beispiel bei seinen Reden, gaben ihm ihre Stimmen bei einer Wahl oder einer Abstimmung und begleiteten ihn schließlich wie eine Soldatentruppe, wenn er in der Öffentlichkeit auftrat.

Lucius fragte sich, ob sein Vater hier in Rom auch so ein geachteter Mann gewesen war, bevor er als Befehlshaber einer Legion in den Norden gegangen war. Und war Onkel Metellus ebenfalls Senator? Lucius wünschte es sich.

Den restlichen Vormittag unterrichtete der Grammaticus Claudia im Lesen und Schreiben, während Lucius dabeisaß und aufmerksam zuhörte. Nach und nach fielen ihm die Buchstaben wieder ein, die ihm seine Mutter beigebracht hatte. In Gedanken kritzelte er sie auf eine Wachstafel und formte währenddessen mit dem Mund die Laute. Es machte ihm sichtlich Spaß. Claudia lächelte heimlich zu ihm herüber. Sie war doch nicht das verzogene Mädchen, für das er sie bis gestern gehalten hatte. Nur vielleicht ein wenig zu abenteuerlustig.

Der Nachmittag plätscherte dahin. Bei Anbruch der Dämmerung brach die Familie zu den Thermen auf. Claudias Mutter lag in einer Sänfte, die von vier starken Iberern getragen wurde. Der Senator und Claudia gingen zu Fuß voran, gefolgt von Bulbus, Lucius und drei anderen Sklaven, die Körbe und Badesachen trugen. Die Iberer schnauften entsetzlich, denn der Senator gab ein zügiges Tempo vor.

Als sie schließlich ihr Ziel erreichten, trat dem Senator ein Mann entgegen und sagte höflich: „Ah, Senator Flaccus. Ich grüße Euch und Eure Familie! Ich hoffe, dass meine Erbschaftsangelegenheit bei Euch in guten Händen ist."

Lucius schaute hinter Bulbus' mächtigem Rücken hervor, damit er sehen konnte, wer da sprach. Es verschlug ihm den Atem. Das war … das war doch … bei Mars und Jupiter! Das war Onkel Metellus! Lucius sprang überglücklich hinter Bulbus hervor und rannte auf seinen Onkel zu. Dieser sah ihn erstaunt an. Lucius wollte rufen: „Ich bin es doch, Onkel! Lucius! Der Sohn deiner Schwester Livia!", aber es waren nur unverständliche Laute zu hören.

Onkel Metellus wich angewidert einen Schritt zurück. Dann erkannte er Lucius und erschrak. Mit gekünsteltem Lachen fragte er den Senator: „Was ist denn das für ein aufgeregter kleiner Kerl?"

„Was geht hier vor?", rief Claudias Mutter aus der Sänfte.

„Bulbus, halte diesen Dummkopf zurück!" Der Senator wies auf Lucius.

Lucius schossen tausend Gedanken durch den Kopf: Warum erkennt mich Onkel Metellus nicht? Das ist doch mein Onkel, oder nicht? Er hat sogar die kleine Narbe über der linken Braue!

Ein Mann, leicht hinkend, trat von hinten an Onkel Metellus heran. Er trug einen rotbraunen Umhang. Wenn er gekonnt hätte, hätte Lucius laut aufgeschrien. Der Reiter, der ihn nach dem Angriff im Wald verfolgt hatte! Auf einmal fiel es Lucius wie Schuppen von den Augen: Daher war ihm der Mann bekannt vorgekommen. Es war Rodan, der Sklave von Metellus. Damals, als Metellus und Rodan nach ihrem Besuch in Mogontiacum fortgeritten waren, hatte sich Lucius schon über den seltsamen Reitstil des Sklaven gewundert. Er hatte ein Holzbein.

Lucius' Freude schlug in Wut um. Onkel Metellus steckte hinter allem! Er hatte ihn erkannt, das hatte Lucius an seinem Blick gesehen. Erbschaftsangelegenheit? Es war bestimmt Lucius' Erbe, über das Metellus sprach. Rodan hatte für seinen Onkel wahrscheinlich die Drecksarbeit erledigt. Wer weiß, vielleicht war auch sein Vater diesem finsteren Burschen zum Opfer gefallen. Er war doch von einem Ausritt in die Wälder nicht zurückgekommen. Sicher hatte Onkel Metellus alles geplant!

„Mörder!" Lucius brüllte das einzige Wort, das er halbwegs aussprechen konnte, und stürmte, noch bevor Bulbus ihn packen konnte, auf Metellus zu. Der aber sprang rechtzeitig zur Seite. Lucius prallte gegen den harten, knochigen Körper von Rodan. Rodans Hände legten sich schnell und unbarmherzig um seinen Hals, bereit zuzudrücken.

„Nein! Papa, tu was!", schrie Claudia.

Aus der Sänfte war wieder die Stimme von Claudias Mutter zu hören: „Was geht hier vor?"

„Bulbus!", rief der Senator aufgebracht. „Bring diesen Bengel nach Hause und sorge dafür, dass er eingeschlossen wird. Morgen schicke ich ihn auf meine Landgüter!"

Bulbus sah Rodan feindselig an und knurrte: „Lass ihn los!"

Rodans linke Gesichtshälfte zuckte. Er grinste böse, als er seine Hände von Lucius' Hals löste, und zischte ihm mit fauligem Atem ins Ohr: „Wir sehen uns bestimmt noch einmal wieder, kleiner Lucius! Verlass dich drauf!"

Bulbus nahm Lucius am Arm und führte ihn weg.

Hinter einer Säule am Eingang zu den Thermen stand Julia Tullia mit ihrem Gallier und wunderte sich über das Drama, das sich eben vor ihren Augen abgespielt hatte. Sehr seltsam, dieser Sklave von Claudia Flaccus. Irgendetwas stimmt mit dem nicht, dachte sie.

8. Kapitel: Verkauft

Erschrocken hatte Claudia den Wutausbruch von Lucius verfolgt. Zuerst war er doch voller Freude auf diesen Metellus zugesprungen, als habe er einen Freund wiedergefunden. Das hatte jeder deutlich sehen können. Sekunden später aber standen ihm Zorn und Enttäuschung ins Gesicht geschrieben. Seltsam. Sie musste mehr über diesen Mann herausbekommen, so viel war sicher.

In den nächsten zwei Stunden, die sie in den Thermen verbrachten, löcherte sie ihren Vater mit Fragen über Metellus. Die Thermen waren zwar nach Geschlechtern getrennt, aber bei Kindern ihres Alters war man nicht so streng. Der Senator war zunächst wenig gesprächig. Nach einer Massage und einem kühlen Bad jedoch besserte sich seine Laune und er begann zu erzählen: „Metellus Proculus stammt aus einer alten und reichen Familie. Nach dem Tod seiner Eltern hat er das Erbe mit Wetten und schlechten Geschäften verpulvert. Metellus verkaufte das väterliche Haus, damit er seine Schulden bezahlen konnte. Dann zog er in ein schmutziges Viertel am Esquilin. Metellus hatte auch eine Schwester …", erinnerte sich Claudias Vater, „Livia. Sie war eine schöne Frau und heiratete den Senatorensohn Julius Gemellus Verus. Die beiden waren sehr beliebt in der römischen Gesellschaft und darüber hinaus oft Gäste im Haus von Titus, der damals aber noch nicht Kaiser war. Kaiser Vespasian, sein Vater, versetzte sie nach Germanien, weil Livias Mann, ein ausgezeichneter Offizier, dort eine Legion befehligen sollte. Das ist jetzt wohl zehn Jahre her. Beide sind dort gestorben. Deshalb regele ich jetzt die Erbschaftsangelegenheiten von Metellus, denn außer ihm gibt es keinen Nachkommen der Familie Verus mehr."

„Hatten sie denn keine Kinder?", bohrte Claudia weiter.

„Doch, einen Sohn. Der Statthalter von Mogontiacum schrieb mir, dass er jedoch wie sein Vater von der Jagd nicht zurückgekehrt sei. Vater, Mutter und Sohn sind tot. Wirklich eine traurige Geschichte."

„Wie hieß er denn?", forschte das Mädchen nach.

„Wer?"

„Na, der Sohn!" Claudia wurde ein wenig unruhig.

„Keine Ahnung. Er ist ja tot und kann das Verus-Vermögen auch nicht mehr erben. Jetzt erhält alles Metellus Proculus, dieser Nichtsnutz! Die Häuser, die Ländereien, die Sklaven. Mit dem ganzen Reichtum kann er sogar Senator werden. Traurig, traurig! Ein Tunichtgut, der im Senat die Römer vertreten wird."

„Außer", murmelte Claudia, „der Sohn wäre gar nicht tot."

„Und der Sohn soll dann wohl dein Charon sein, wie?" Ihr Vater schaute sie streng an. „Claudia Marcella! Ich möchte nicht, dass du solche haarsträubenden Geschichten erfindest. Charon ist ein überdrehter, dummer Sklave, der morgen auf unsere Landgüter geschickt wird. Dort werden sie ihm die Flausen schon austreiben. Und jetzt ist das Thema für mich erledigt."

„Aber er …"

„Schluss! Und jetzt gehst du zu den Frauen hinüber", unterbrach sie der Senator und ging in die Umkleideräume der Männer.

Kurz nachdem die Familie wieder nach Hause zurückgekehrt war, gingen alle zu Bett. Claudia aber konnte nicht schlafen. Sie lag wach und grübelte. Was sie gehört hatte, passte zusammen: Lucius war bestimmt der Sohn des Julius Gemellus und dessen Frau Livia. Sie musste handeln! Falls sich ihre Annahme bestätigte, war Lucius in Gefahr. Sie musste mit Bulbus reden, der einen kleinen Raum neben der Haupttür bewohnte.

Leise stand sie auf und schlich durch das ruhige Haus. Bevor Claudia bei Bulbus eintrat, lauschte sie noch einmal, ob sich auch weiterhin niemand im Haus rührte. Zum Glück schlief der Sklave noch nicht. Er saß in einer Ecke auf einem Hocker.

Claudia erzählte Bulbus ausführlich von dem Gespräch mit ihrem Vater. „Was sollen wir tun?", flüsterte sie schließlich.

Verhalten antwortete Bulbus: „Als ich Lucius heute zurückbrachte, habe ich ihm gesagt, dass er fliehen muss. Was Ihr erzählt, Claudia, bestätigt, dass wir etwas unternehmen müssen. Ich werde Lucius morgen Fesseln anlegen, sie aber nur locker binden. Wenn sich eine günstige Gelegenheit bietet, soll er versuchen, auf das Forum Boarium, den Viehmarkt, zu gelangen. Beim Tempel des Hercules Victor erwartet ihn ein alter Freund, der ihn in ein sicheres Versteck bringen wird."

„Bulbus! Wenn das schiefgeht, wirst du bestimmt nicht freigelassen. Vielleicht passiert dann sogar etwas noch Schlimmeres. Papa kann sehr wütend werden", raunte Claudia ängstlich, denn sie mochte Bulbus sehr, auch wenn sie das nicht oft zeigte.

„Ich weiß, kleine Claudia! Aber wenn ich ihm nicht helfe, steht Lucius ein Leben in Unfreiheit bevor – wie meines. Das kann ich nicht zulassen."

Claudia war verblüfft. Waren denn Sklaven unglücklich, weil sie ihren Herren dienen mussten? Sie waren doch immer satt und zufrieden. Ja, sie mussten gehorchen – aber konnte sie selbst etwa immer tun und lassen, was sie wollte? Viele Fragen gingen Claudia durch den Kopf, aber Bulbus legte ihr liebevoll die Hände auf die Schultern und sagte lächelnd: „Legt Euch jetzt wieder schlafen, Herrin. Und betet, dass alles gut geht."

Am nächsten Morgen erwachte Claudia zeitig. Nach der familiären Zeremonie vor dem Altar wurde Lucius von Bulbus vor den Senator geführt. Dieser verkündete wie ein Richter sein Urteil: „Charon – oder wie immer du auch heißen magst –, du hast das Vertrauen der Familie Flaccus aufs Äußerste missbraucht. Ein Sklave hat sich in sein Schicksal zu fügen und darf nicht rebellieren. Du kannst froh sein, dass du noch so jung bist. Sonst hätte ich ganz andere Maßnahmen ergriffen."

Er schaute einen Moment zu seiner Tochter hinüber und fuhr dann fort: „Kurz bevor wir gestern die Therme verließen, sprach ich noch einmal mit Metellus Proculus. Du erinnerst dich bestimmt an den Mann. Du hast versucht ihn anzufallen. Zu meinem großen Erstaunen hat er dich gekauft."

„Was hat er?", hätte Claudia fast ausgerufen. Doch sie schwieg und sah ihren Vater entsetzt an.

Der aber erwiderte ihren Blick nicht, sondern sprach schnell weiter: „Meine Sklaven werden dich nicht auf meine Landgüter nach Capua bringen, sondern in das Haus des Metellus. Ich hoffe, dass du dich dort besser benehmen wirst."

Damit war die Sache für ihn erledigt. Er drehte sich um und ging zur Haustür, vor der bereits die ersten Klienten warteten.

Claudia blickte zu Lucius, der traurig den Kopf schüttelte. Hinter ihm stand mit unbewegtem Gesicht Bulbus, der Lucius den beiden Sklaven übergab, die ihn zum Haus des Metellus bringen sollten. Claudia dachte an den grausamen Rodan und an Metellus. Lucius' Flucht musste gelingen! Sie musste einfach!

9. Kapitel: Die Flucht

Lucius wusste, was zu tun war. Bulbus hatte es ihm genau erklärt: „Beweg deine Hände, damit sich die Fesseln nach und nach lockern. Dann kannst du sie im richtigen Moment abstreifen. Sei geduldig, warte ab, bis du mit deinen Begleitern an eine Stelle kommst, wo eine Flucht möglich ist. Und wenn die Gelegenheit günstig ist – flieh!"

In einem kleinen Beutel, den Bulbus Lucius mitgegeben hatte, steckte ein Umhang, der den Halsring nach der Flucht verbergen sollte. Bei Mars, Bulbus hatte wirklich an alles gedacht! Jetzt war es Lucius' Aufgabe, den richtigen Moment für die Flucht abzupassen. Diesmal durfte nichts schiefgehen. Lucius dachte voller Grauen daran, was ihn im Haus seines Onkels erwarten würde. Bestimmt hatte dieser Grobian Rodan den Auftrag bekommen, ihn für immer zum Schweigen zu bringen. Würden sie ihn ermorden oder in eine ferne Provinz verkaufen? Wen würde es schon interessieren, ob er starb oder verschwand? Er war ja nur ein Sklave.

Aufmerksam hielt Lucius nach einer Fluchtmöglichkeit Ausschau, während er zwischen seinen beiden Wächtern eine Straße entlangging, die sich zunehmend verengte. Die ersten Läden hatten bereits geöffnet, es wurden Brot und andere Esswaren zum Verkauf angeboten. Sogar ein Weinverkäufer war schon unterwegs.

Etwas weiter vorne erkannte Lucius zwei Baugerüste, die nur noch einen schmalen Durchgang frei ließen. Die Gerüste wirkten nicht besonders stabil. Gerade als Lucius und seine Bewacher die Stelle erreichten, mussten sie einer

Sänfte Platz machen, die sich an ihnen vorbeidrängelte. Seine beiden Bewacher gaben den Weg frei, indem sie sich und Lucius unter das Gerüst quetschten und warteten. Lucius spürte einen der Stützpfeiler in seinem Rücken, sah nach oben und überlegte blitzschnell, was passieren würde, wenn er kräftig dagegendrückte. Wahrscheinlich bräche das ganze Gerüst über ihren Köpfen zusammen. Lucius müsste nur rasch genug vortreten, dann wäre er seine Begleiter für einen Moment los. Mit lautem Fluchen hatte sich auch noch ein Händler mit Maultier und Wagen neben die Sänfte geschoben, sodass es jetzt kaum noch vor oder zurück ging. Die Sklaven des Senators verfolgten interessiert den Streit, der sich zwischen dem Händler und dem Sänftenbesitzer entspann.

Lucius verstand sofort, dass die Situation nicht günstiger sein konnte. Er befreite sich vorsichtig von den Fesseln und drückte sich mit seinem ganzen Gewicht gegen den Pfeiler. Zunächst bewegte sich der Pfeiler kein Stück – dann aber rieselte plötzlich Sand, es knackte kurz und die Stütze gab nach.

Schnell sprang Lucius vor und schubste gleichzeitig einen der Sänftenträger zur Seite. Hinter sich hörte er das Rumpeln und Krachen des Gerüsts, als es über den Köpfen seiner Wächter zusammenbrach. Beide wurden unter Mörtel, Kalk, Sand und Steinen begraben. Die Sänfte war umgekippt und ein dicker Mann herausgefallen. Das Maultier des Händlers schlug panisch nach hinten aus. Der Händler brüllte Verwünschungen. Die Sänftenträger saßen auf dem Boden und guckten verblüfft, während sich über der Straße zwei Maurer fluchend an die Wand klammerten.

Lucius sah kurz zurück: Mit dem Chaos, das er angerichtet hatte, war er höchst zufrieden. Er rannte die Straße weiter hinunter und bog bei der ersten Gelegenheit nach links in eine Seitengasse ab, dann sofort wieder nach rechts auf die Straße, die zum Viehmarkt führte. Noch immer konnte er das Fluchen des Händlers hören. Doch das Geschrei wurde immer leiser.

Die Menschen, die ihm begegneten, schauten ihn misstrauisch an. Lucius zwang sich zur Ruhe. Er versuchte, ganz normal zu gehen und möglichst gleichgültig zu schauen. Trotzdem sahen ihm die Leute argwöhnisch hinterher.

Was haben die nur?, fragte er sich. Ich mache doch nichts Außergewöhnliches.

Plötzlich rief eine alte Frau: „Ein Entflohener! Seht! Er hat den Ring der Sklaven um!"

Der Umhang!, schoss es Lucius durch den Kopf. Du hast vergessen, den Umhang überzuziehen, du Trottel!

Er hatte sich schon so sehr an den Eisenring um seinen Hals gewöhnt, dass er nicht mehr an ihn gedacht hatte. Während er halblaut vor sich hinfluchte, suchte Lucius hektisch nach einem Versteck. Er schlüpfte durch die nächstbeste offene Tür eines Mietshauses. Sogleich verzog er das Gesicht – er war in einer öffentlichen Toilette gelandet: Einige Männer saßen in einer Reihe, machten ihr Geschäft und unterhielten sich dabei so angeregt, dass sie ihn gar nicht bemerkten. Lucius stürmte durch eine zweite Tür, in der Hoffnung, in den Innenhof zu gelangen. Doch das erwies sich als Irrtum. Er rannte eine Treppe hoch und einen Gang entlang. Jetzt hörte er Fußgetrappel unten auf dem Treppenabsatz. Er griff schnell nach seinem Beutel, suchte den Umhang heraus und warf ihn sich über. Am Ende des Ganges befand sich ein Geländer. Lucius kletterte darüber und sprang in einen Wagen mit Heu, der glücklicherweise genau darunterstand. Dann war er auf der Straße und zog sich flink die Kapuze des Umhangs über den Kopf. Über sich im Mietshaus hörte er noch die lauten Stimmen der Männer, die nach ihm suchten.

Da können sie lange suchen. Bei Mars! Das war knapp, dachte er, als er sich umdrehte und unerkannt die Straße hinunterschlenderte. Ohne weitere Zwischenfälle erreichte er den Tempel des Hercules Victor und ließ sich erschöpft an einer Säule nieder.

Kurz darauf trat ein Mann in einer braunen, verschlissenen Tunika auf ihn zu. „Mein Name ist Asiaticus. Und du musst Lucius sein, wenn das ein Sklavenring unter deinem Umhang ist", sagte der Mann, der so groß wie Bulbus war. Seine Haut war über und über mit Narben bedeckt und dort, wo er einmal eine rechte Hand gehabt hatte, war ein Eisenhaken zu sehen.

Lucius nickte, während er den Mann argwöhnisch musterte.

„Bulbus schickt mich. Er meint, dass ich dir helfen soll. Ich werde dich in ein Versteck bringen. Dort bist du vor einem gewissen Metellus Proculus vorläufig sicher. Komm!" Der Narbenmann hielt ihm seine Hakenhand hin. Lucius griff zögernd nach ihr und Asiaticus half ihm auf. „Du kannst mir trauen. Wie sollte ich deinen Namen wissen, wenn Bulbus ihn mir nicht genannt hätte? Außerdem kannst du dir Misstrauen in deiner Situation gar nicht leisten."

Lucius seufzte. Da hatte er recht! Und so brachen sie zusammen auf.

10. Kapitel: Das Versteck

Die beiden Bewacher, die Lucius zu Metellus bringen sollten, standen von oben bis unten eingestaubt im Atrium. Bei ihrem Anblick wusste Claudia sofort, dass die Flucht gelungen war. Sie hörte mit Vergnügen das Donnerwetter, mit dem ihr Vater die beiden Sklaven empfing. So ähnlich musste der Gott des Zorns aussehen, wenn er so richtig verärgert war. Sie schaute zu Bulbus hinüber, der die Szene ausdruckslos beobachtete. Schlich sich da nicht ein heimliches Lächeln in sein Gesicht? Minerva sei Dank, es war geglückt!

Claudias Vater entließ die beiden Pechvögel, die mit gesenkten Häuptern das Atrium verließen.

„Was passiert jetzt?", fragte Claudia ihren Vater so unbeteiligt wie möglich.

„Was soll schon passieren?", fuhr der Senator sie an. „Metellus Proculus hat den Jungen gekauft, also ist es sein Problem, ihn wiederzufinden. Ich habe ihm ja gesagt, dass der Junge verrückt ist. Aber er wollte ihn unbedingt haben. Dann soll er ihn jetzt auch suchen."

Er raffte seine Toga zusammen und ging, ohne sich noch einmal umzuschauen, in sein Arbeitszimmer. Claudia schaute ihm hinterher und schlich dann schnell zur Kammer von Bulbus, der kurz vor ihr das Atrium verlassen hatte.

Als sie bei ihm eintrat, sah sie, wie er vor seinem Bett stand und etwas einpackte.

„Was machst du da, Bulbus?", fragte sie leise.

„Der erste Teil der Flucht ist abgeschlossen", sagte Bulbus in einem verschwörerischen Ton und schaute nervös durch die Türöffnung ins Atrium. „Lucius ist jedoch noch nicht außer Gefahr. Er muss aus Rom raus, vielleicht nach Ostia. Deshalb packe ich etwas Proviant für ihn."

„Aber wir müssen hier in Rom nach seiner Vergangenheit suchen, Bulbus", widersprach Claudia aufgeregt. Mühsam zwang sie sich dazu, leise zu sprechen. „Wenn die Geschichte mit dem Verus-Erben wahr ist, können wir sie nur hier in Rom nachprüfen. Vielleicht kehrt seine Sprache ja zurück und Lucius kann uns dabei helfen. Wir müssen es versuchen, Bulbus! Bitte!"

Bulbus stand schweigend da. Nachdenklich schaute er Claudia an. Immer wieder biss er sich auf die Unterlippe.

„Gut", erwiderte er schließlich. „Ich gebe Euch zwei Tage für Eure Nachforschungen, doch dann bringe ich ihn mit Asiaticus nach Ostia. Ich denke, dass die Sklavenfänger im Auftrag des Metellus bald kommen und herumschnüffeln werden. Diese Kerle sind darin ganz ausgezeichnet. Lucius kann dann auf keinen Fall in Rom bleiben. Nach Ablauf der zwei Tage müsst Ihr seine Herkunft beweisen können."

Claudia atmete auf. Zwei Tage waren nicht viel, aber immerhin. Sie würde mit Lucius intensiv üben, damit er seine Sprache wiederfand. „Dann bring mich rasch zu ihm, Bulbus!"

„Langsam, langsam. Wir dürfen nicht auffallen. In einer Stunde habe ich Besorgungen für Euren Vater zu machen. Ihr werdet mich dabei begleiten, Herrin. Einverstanden?"

„Ja", antwortete Claudia.

Sie trafen sich zur vereinbarten Stunde und gingen den Aventin ganz hinauf, um auf der anderen Seite hinunter zum Emporium zu gelangen. Das Emporium lag am Tiber und war eine Ansammlung von Lagerhäusern. Waren aus Übersee wurden hier gelagert, bis ein Käufer gefunden war.

Deshalb war im Emporium und an den Hafenanlagen immer viel los: Geldverleiher und Händler schrien durcheinander und versuchten sich die wertvollen Güter günstig abzujagen. Große Kräne hoben Netze voller Amphoren gefüllt mit Wein, Garum, Getreide und Öl aus den Lastkähnen, die vertäut an der Kaimauer lagen. Sklaven trugen die Amphoren ächzend in die Lagerhäuser. Hin und wieder hörte man das Knallen einer Peitsche, die auf den Rücken eines Ochsen oder eines Sklaven niederfuhr.

Claudia und Bulbus blieben vor einem neueren Lagerhaus stehen, vor dessen Eingang Asiaticus auf einem Schemel saß.

„Salve, Asiaticus! Dies ist die ehrenwerte Claudia Marcella Flaccus. Sie wird versuchen, unserem kleinen Freund ein paar Geheimnisse zu entlocken. Heute und morgen hat sie dafür Zeit." Bulbus schaute Claudia ernst an. „Dann werde ich den Jungen nach Ostia bringen."

„Wird auch Zeit", grummelte Asiaticus. „Mir ist jetzt schon ganz mulmig, wenn ich nur daran denke, dass ich einen entlaufenen Sklaven bei mir verstecke." Er sagte das ganz ruhig, aber seine Augen suchten ständig die Umgebung ab.

„Dass du so etwas wie Angst kennst, Asiaticus! Auf deine alten Tage?", brummte Bulbus mit leichtem Spott.

„Ich hatte nie einen besseren Posten. Keine schwere Arbeit. Ich muss nur diesen Kasten hier bewachen. Das ist ein guter Job für einen ehemaligen Gladiator ohne rechte Hand." Er schwenkte seinen Haken durch die Luft. Dann erhob er sich. „Kommt, junge Dame, ich bringe Euch zu Eurem jungen Freund!"

Claudia errötete ein wenig und stieg hinter Asiaticus die Treppe hinauf bis in den Dachstuhl. In einer Ecke kauerte Lucius und probierte Buchstaben in den Schmutz zu zeichnen. Als er Claudia sah, lächelte er über das ganze Gesicht und ging ihr entgegen. Stotternd versuchte er ein Wort zu bilden: „D…da…danke!"

„Danke? Oh, Lucius, das war fantastisch. Komm, sag noch mehr!"

Aber Lucius zog nur die Schultern hoch und schüttelte den Kopf.

„Na, macht nichts", gab Claudia zurück. „Wir haben nur wenig Zeit, etwas über deine Herkunft herauszubekommen!"

Der kleine Gallier war zufrieden, als er sich endlich auf den Heimweg machte. Durch Zufall hatte er gesehen, wie Lucius aus dem Fenster eines Mietshauses gesprungen war. Da ihn das sehr verwundert hatte, war er ihm unauffällig gefolgt. Er hatte beobachtet, wie Lucius einen großen Mann mit einer Hakenhand getroffen hatte, das Gespräch der beiden belauscht und gesehen, wie sie zum Hafen gegangen und in einem großen Lagerhaus verschwunden waren. Gerade als er gehen wollte, waren doch tatsächlich noch dieser Bulbus und Claudia Flaccus dazugekommen. Da brauchte man doch nur eins und eins zusammenzuzählen: Der Junge war geflohen und Bulbus und Claudia halfen ihm dabei. Aber warum?

Egal. Julia Tullia würde begeistert sein, wenn er berichtete, was er alles gesehen und gehört hatte. Sie hatte sicher auch eine Idee, wie sie diesem Jungen und Claudia Flaccus eins auswischen konnten. Sein Herz machte einen Sprung. Darin war sie nämlich richtig gut!

11. Kapitel: Onkel Metellus ist wütend

Metellus Proculus tobte mit hochrotem Kopf durch den Garten der Villa Verus. Seine Halsschlagader trat fingerdick hervor. Soeben hatte er von der Flucht des Jungen erfahren. Am liebsten hätte er den beiden Dummköpfen von Senator Flaccus, die ihm die Nachricht überbracht hatten, an Ort und Stelle die Zunge herausschneiden lassen. Immer wieder stieß er wilde Verwünschungen aus, die sich schließlich gegen seinen Sklaven Rodan richteten, der mit unbewegter Miene im Schatten einer Säule stand.

Metellus griff nach einem Stock, der auf einer Marmorbank lag, ging auf Rodan zu und schlug ihm damit ins Gesicht. Auch jetzt verzog sein Sklave keine Miene, aber Metellus fühlte sich sofort besser. Nur wenige Zentimeter von Rodans Gesicht zischte er: „Wenn du dich vergewissert hättest, dass der Junge tot ist, wärst du jetzt frei und nicht auf dem Weg in die Kupferbergwerke. Denn genau da gehörst du hin, du Versager! Sklaven, die nicht alles so ausführen, wie ich es befehle, kann ich nicht gebrauchen." Mit einer schnellen Bewegung holte Metellus aus, um Rodan zu ohrfeigen, hielt aber inne, als er hörte, wie ihn jemand rief: „Ehrenwerter Metellus, hier ist Besuch für Euch."

„Ich habe jetzt keine Zeit!", blaffte er, während er Rodan nicht aus den Augen ließ.

„Sie sagen, sie hätten Informationen über einen Sklaven namens Lucius."

„Über wen?"

„Einen Sklaven namens Lucius!"

Metellus schluckte. Jetzt kannte man schon den richtigen Namen dieses Bengels.

„Führt sie herein!" Er ging zu der Bank zurück, setzte sich, legte den Stock neben sich und unterdrückte seine unbändige Wut. Flüchtig schaute er zu Rodan hinüber, in dessen Augen er Hass sah.

Soll er mich nur hassen, dachte Metellus. Solange er mir nur gehorcht und macht, was ich verlange.

Kurz darauf betrat ein Mädchen den Garten. Sie wurde von einem etwa gleichaltrigen, kleinen Jungen begleitet, der sich misstrauisch umsah. Das Mädchen dagegen war anscheinend überhaupt nicht ängstlich, sondern warf einen langen, schweren Zopf in den Nacken, während sie Metellus gelangweilt anschaute.

„Ich bin Julia Tullia, Tochter des Senators Valerius Tullius und seiner ehrenwerten Frau Sabina, Tochter des Marcus Terentius, ebenfalls Senator", spulte sie herunter.

„Was führt Euch zu mir, meine Liebe?", fragte Metellus so freundlich, als hätte er sich den ganzen Vormittag mit Gedichten beschäftigt.

„Ich habe Informationen, die einen gewissen Lucius betreffen, der auch Charon genannt wird. Ein Sklave der Claudia Marcella Flaccus. Ihr kennt sie und ihre Familie. Allerdings gibt es diese Informationen nicht umsonst!"

Metellus bemerkte ein Leuchten in den Augen dieses verschlagenen Mädchens. Ja, dachte er, mit solchen Menschen kann man Geschäfte machen.

„Lasst mich hören. Dann entscheiden wir, wie viel diese Neuigkeiten wert sind, kleine Freundin", antwortete er, bot ihr einen Platz neben sich auf der Bank an und ließ sich berichten.

Nach einer halben Stunde schloss Metellus die Tür hinter Julia Tullia und ging zufrieden zurück in den Garten. Der Preis für die Informationen war nicht zu hoch gewesen. Er rieb sich die Hände. Das geldgierige Plappermaul – oder besser gesagt: ihr gallischer Sklave – hatte wirklich gut aufgepasst. Wie hatte sie ihn genannt? Herkules! Ein begabter kleiner Schnüffler, dieser Herkules.

Er rief seinen Sklaven herbei, der während der Unterhaltung lautlos und unbeweglich im Schatten der Säule zugehört hatte.

„Ich hoffe, du hast alles gut verstanden", sprach Metellus in scharfem Ton. Er spürte, wie seine Wut zurückkehrte.

„Ja, jedes Wort", antwortete Rodan tonlos und blickte dabei ausdruckslos zu Boden.

„Dann nimm dir ein paar Männer, geh sofort in dieses Lager und hol dir den letzten Spross der Verus-Familie! Aber mach diesmal keinen Fehler. Das ist deine letzte Chance! Sonst bist du schneller in den Kupferbergwerken, als du ‚Gnade!' sagen kannst."

„Was soll mit ihm passieren, wenn wir ihn haben?", fragte Rodan demütig, ohne Metellus anzublicken.

„Bring ihn zu den Tierställen unter der großen Gladiatorenschule. Ich kenne deren Procurator. Er ist mir noch etwas schuldig. Dort werde ich mir Lucius morgen vorknöpfen. Ich möchte zu gerne sehen, wie tapfer die Familie Verus wirklich ist!"

„Wenn wir die Tochter des Senators Flaccus mit ihm vorfinden oder diesen Bulbus, was sollen wir dann tun?"

„Fragen, Fragen! Kannst du nichts weiter als Fragen stellen?" Metellus griff sich an den Kopf. Musste er alles so genau erklären wie ein Kaiser, der seinem General die

Taktik einer Schlacht erläuterte? „Diesen Bulbus könnt ihr kaltmachen! Er hat einem Sklaven geholfen zu entfliehen. Das Mädchen lasst laufen. Für ihren Vater wird die Angelegenheit ohnehin ziemlich peinlich werden. Ich höre jetzt schon, was die Leute sagen werden: ‚Die Tochter von Senator Flaccus ist ein Spartacus-Liebchen!'"

Er klatschte belustigt in die Hände und drehte sich einmal um sich selbst. Dann blieb er abrupt stehen, griff Rodan unsanft ans Kinn, riss seinen Kopf hoch und sah ihm direkt in die Augen. „Geh jetzt und hol mir den kleinen Ausreißer!"

Dann gab er Rodan eine schallende Ohrfeige.

12. Kapitel: Verrat!

Lucius schaute noch lange durch ein kleines Fenster auf den Tiber. Im Hafen wurde es langsam ruhig. Das Entladen der Kähne war beendet. Die Händler und Arbeiter verschwanden in Tavernen oder machten sich auf den Heimweg. Als schließlich die Nacht hereinbrach, lag das tagsüber so geschäftige Emporium still und verlassen da.

Lucius war zufrieden. Noch gestern Abend vor der Therme war eine Welt für ihn zusammengebrochen. Sein Onkel, seine scheinbar letzte Hoffnung, hatte sich als Mörder und Dieb entlarvt. Und an genau diesen Verbrecher war er verkauft worden. Mars allein wusste, was Metellus mit ihm angestellt hätte. Aber das Glück war auf seiner Seite. Nun saß er hier in einem Lagerhaus und hatte mit Claudias Hilfe die Sprache wiedergefunden. Den ganzen Nachmittag hatten sie zusammen verbracht und Lucius war es immer besser gelungen, erst einzelne Laute und dann ganze Wörter auszusprechen. Am Ende war alles ganz leicht gewesen. Ihm war, als habe sich ein Tor geöffnet: Seine Sprache war zurückgekehrt. Als Bulbus Claudia abgeholt hatte, war auch sie glücklich gewesen. Jetzt wussten beide, was zu tun war. Sie hatten einen Weg gefunden, Lucius' Herkunft zu beweisen und Metellus für seine Verbrechen zu bestrafen.

Lucius streckte sich auf der Strohmatte aus, die Asiaticus ihm gebracht hatte. Er trank einen Schluck Wasser und legte sich schlafen.

Bald schon träumte er. Er sah seine Mutter, die mit ausgestreckten Armen auf ihn wartete. Ein wunderbares Gefühl erfüllte ihn. Er wollte auf sie zulaufen, kam ihr aber nicht näher, sosehr er sich auch bemühte. Stattdessen tauchte aus dem Dunkeln hinter seiner Mutter Onkel Metellus auf – groß, grinsend und mit hasserfüllten Augen.

Lucius wachte schweißgebadet auf. Abrupt richtete er sich auf und knallte mit voller Wucht gegen einen Dachbalken. Er stöhnte vor Schmerz und wollte gerade ein Dutzend wilder Flüche ausstoßen, als er plötzlich etwas hörte. Da tuschelte doch jemand! Zwischen den Amphoren und Körben mit Waren, die hier gestapelt lagen, sah er das unruhige Flackern einer Fackel. Lucius lauschte angestrengt. Da, schon wieder! Diesmal deutlicher. Irgendwer schlich im Lagerraum herum.

Jetzt konnte er auch Wortfetzen verstehen: „Muss hier sein ... Pass auf ... der Junge ... Rodan ... wütend ... Sei leise."

Lucius hörte Schritte näher kommen. Er versuchte, sich auf allen vieren in die entgegengesetzte Richtung davonzustehlen. Geräuschlos krabbelte er auf die Treppe zu. Die tappenden Schritte mussten jetzt sein Nachtlager erreicht haben, denn eine nun viel lautere Stimme sagte: „Hier hat er geschlafen, Dretex. Schau! Er ist weg. Aber die Decke ist noch ganz warm. Weit kann er nicht sein."

In diesem Moment sprang Lucius auf und rannte die letzten Meter zur Treppe. Es war so dunkel, dass er sie fast hinuntergefallen wäre. Hinter sich hörte er die Männer, die nach ihm suchten. Schnell kamen sie näher. Lucius war gerade unten angekommen, als zwei seiner Verfolger oben an der Treppe erschienen und riefen: „Der Bengel kommt die Treppe runter, Rodan! Pass auf!"

Noch bevor Lucius seine Flucht fortsetzen konnte, packte ihn eine Hand von hinten am Nacken. Er kannte diesen eisernen Griff. „Das war das letzte Mal, dass du mir entwischt bist! Wegen dir wäre ich fast in die Kupferminen geschickt worden!“, zischte Rodan. „Jetzt wirst du endlich verschwinden und ich werde mich bei deinem feinen Onkel freikaufen.“ Er fesselte Lucius die Hände so fest auf den Rücken, dass sie augenblicklich taub wurden. Im Schein seiner Fackel stieß er ihn die Treppe zur nächsten Etage hinunter. Aus den Stockwerken des Lagerhauses tauchten weitere Männer auf, die ebenfalls nach Lucius gesucht hatten. Mit Rodan waren es insgesamt sieben. Unten an der Eingangstür sah Lucius Asiaticus am Boden liegen. Ob er bewusstlos oder tot war, konnte er nicht erkennen. An seinem Hinterkopf hatte er eine große Wunde, die stark blutete.

„Für deinen Freund Bulbus und den hier wird die Geschichte wohl ein unerfreuliches Nachspiel haben“, lachte Rodan hämisch, als er auf den reglosen Körper zeigte.

„Rodan!“ Lucius wollte es mit Bestechung versuchen. „Wenn du mich laufen lässt, werde ich dich reich belohnen. Ich werde schon bald beweisen können, wer der letzte Nachkomme der Familie Verus ist.“

„Sieh an, der Sklave kann sprechen! Aber du wirst nur noch mit deinem Onkel reden. Danach … wer weiß? Die Würfel sind längst gefallen, Lucius. Wenn der Mord an deinem Vater herauskommt, bin ich dran. Das ist ganz sicher. Da würde mir deine Belohnung auch nicht helfen.“ Er beugte sich zu Lucius herunter und raunte mit fauligem Atem: „Mitgefangen – mitgehangen, sagt man doch. Nur wenn du tot bist, bekomme ich meine Freiheit. Und jetzt los!“ Er richtete sich wieder auf und stieß Lucius aus dem Lagerhaus.

Nach etwa einer Stunde Fußmarsch durch Roms nächtliche Gassen erreichten sie ihr Ziel. Über einem eisernen Gittertor stand „Große Gladiatorenschule".

Hier werden die Gladiatoren ausgebildet, die im Circus kämpfen, dachte Lucius erschrocken, als er über einen sandigen Hof geführt wurde.

In einer Ecke standen bewaffnete Männer um ein kleines Kohlefeuer herum. Sie schauten nur kurz auf und setzten ihre Gespräche dann wieder fort. Rodan sprach mit einem von ihnen. Dieser nickte beiläufig und zeigte auf eine mit Eisen beschlagene Bodenluke, die mitten im Hof zu sehen war. Rodan stellte sich über die Luke und riss sie mit einiger Anstrengung auf. Quietschend öffnete sie sich und gab den Blick auf ein paar Stufen frei, die sich in einem gähnenden Abgrund verloren. Lucius spürte, wie Panik in ihm aufstieg, als Rodan ihn in die Dunkelheit hinabschubste. Es roch streng nach Stall. Lucius fragte sich, was ihn am Ende der Treppe erwartete.

Unten angekommen entzündeten Rodans Männer Pechfackeln. Lucius erkannte mit Schrecken, wo er sich befand. Hier unten waren die Käfige der Raubtiere, die im Circus Maximus kämpfen sollten. Er sah zahlreiche Löwen und Bären, die seit Tagen kein Futter mehr bekommen hatten und hungrig Rodans Männer anknurrten. Lucius wurde gepackt und in einen der Käfige geworfen. Voller Angst sah er sich um und drückte sich mit dem Rücken an die Gitterstäbe. Zu seiner großen Erleichterung stellte er fest, dass sich außer ihm niemand in dem Käfig befand. Links und rechts rannten die Löwen aufgeregt an den Gitterstäben der Nachbarzellen entlang. Sie ließen Lucius nicht aus den Augen.

„Eine angenehme Nacht wünsche ich! Morgen wird es keinen Lucius Gemellus Verus mehr geben!" Lachend verließen Rodan und seine Männer das dunkle Verlies.

Als die Bodenklappe zum Hof krachend ins Schloss fiel, begann Lucius zu weinen. Sein Schluchzen wurde vom Brüllen der ausgehungerten Tiere übertönt.

13. Kapitel: Ein schreckliches Erwachen

Sanft rüttelte jemand an Claudias Schulter. Wie durch Nebel hörte sie Bulbus' tiefe Stimme: „Wacht auf, Herrin! Sie haben Lucius gefunden! Wacht doch auf!" Claudia gähnte und versuchte sich an die Helligkeit in ihrem Zimmer zu gewöhnen.

„Herrin! Ich weiß nicht, wie, aber man hat den Jungen im Lagerhaus gefunden. Wir sind verraten worden!"

„Wen? … Lagerhaus?", fragte Claudia schlaftrunken. Dann war sie mit einem Schlag hellwach. „Bei Minerva! Was sagst du da, Bulbus?"

Die traurigen Neuigkeiten sprudelten aus Bulbus hervor: „Lucius ist heute Nacht von dem Sklaven des Metellus und einigen anderen Männern aus dem Lagerhaus entführt worden. Asiaticus haben sie eins über den Kopf gezogen und dachten wohl, er sei ohnmächtig. Aber der Halunke hat sich nur verstellt. So ein alter Gladiatorenschädel kann eine Menge aushalten. Er hat das Gespräch zweier Entführer belauscht. Offenbar haben sie Lucius zur Großen Gladiatorenschule gebracht."

Claudia schluckte schwer. Ihr Mund wurde trocken und sie fühlte sich elend.

„Und noch etwas, Herrin", Bulbus' Stimme wurde sehr leise. „Anscheinend wissen Metellus und sein Sklave, dass wir Lucius zur Flucht verholfen haben. Er wird bestimmt dafür sorgen, dass Asiaticus und ich als Verurteilte in die Arena geschickt werden. Ich werde deshalb zusammen mit Asiaticus fliehen."

Claudia sprang aus dem Bett und lief ruhelos von einem Ende des Zimmers zum anderen. Angestrengt dachte sie nach: Irgendeine Lösung, alles noch zum Guten zu wenden, musste es doch geben!

Der Kaiser – vielleicht gab es heute eine Möglichkeit, ihn zu sprechen?! Claudia könnte ihm dann eine Geschichte erzählen, die Lucius von seinem Vater hatte. Kaiser Titus war ein Jugendfreund von Lucius' Vater gewesen. Die beiden hatten sich allerlei Streiche ausgedacht und geschworen, nie jemandem etwas davon zu verraten. Aber eine Geschichte hatte Lucius' Vater seinem Sohn dennoch erzählt. Titus würde sich bestimmt wundern, wenn er diese Geschichte hörte. Und wäre sie nicht der Beweis für Lucius' edle Herkunft?

Claudia und Lucius hatten eigentlich geplant, heute gemeinsam um eine Audienz beim Kaiser zu bitten. Jetzt aber hatten sich die Ereignisse überschlagen und Lucius war in der Gewalt dieses Metellus und seines hinterhältigen Sklaven Rodan. Dann musste Claudia eben allein handeln. Sofort!

Sie blieb plötzlich stehen. „Bulbus?"

„Ja, Herrin?"

„Heute beginnen doch die Rennen im Circus Maximus, nicht wahr?"

„Sicher, Euer Vater ist schon sehr früh in den Senat gegangen. Er sagte, dass er zusammen mit den anderen Senatoren und dem Kaiser den Spielen zuschauen werde."

„Wann wird das sein?"

„Ich denke, gegen Mittag, vielleicht aber auch erst am frühen Nachmittag. Morgens wird ja außer Tierhetzen und Akrobaten nicht viel geboten. Aber was wollt Ihr im Circus Maximus, Herrin?"

„Den Kaiser sprechen", sagte sie kurz.

„Natürlich", seufzte Bulbus, „den Kaiser sprechen, den Beherrscher des Römischen Reiches, den Herrn über Leben und Tod Tausender, den Liebling der Götter. Den wollt Ihr sprechen? Mal eben so?"

„Ja, irgendwie schaffe ich das schon!" Damit drehte sich Claudia um und beendete das Gespräch. Wenig später warf sie sich einen Mantel über und verließ das Haus. Sie wusste jetzt, was sie zu tun hatte. Eilig rannte sie zum Circus Maximus hinunter, der zwischen dem Palatin und dem Aventin in einer Senke lag. Von hier oben sah er wie eine riesige Haarspange aus weißem Elfenbein aus.

Atemlos erreichte Claudia ihr Ziel. Beim Anblick der riesigen Arena erinnerte sie sich an ein Gespräch mit ihrem Vater. Er hatte ihr erzählt, dass im Circus schon seit undenklichen Zeiten Wagenrennen abgehalten wurden. Die Römer liebten diese Rennen und mit ihrer Begeisterung war auch der Circus immer weiter gewachsen. Claudia brauchte ganze zehn Minuten, um an einer Längsseite entlangzugehen, selbst wenn sie sich beeilte. Auch die Tribünen waren beeindruckend. Sie erhoben sich bis zu vier Stockwerke in die Höhe. Ihr Vater hatte ihr erzählt, dass über zweihundertfünfzigtausend Zuschauer in den Circus Maximus passten.

Aus allen Stadtteilen strömten nun Menschen herbei. Zwischen den Leuten, die gekommen waren, um die Veranstaltungen im Circus zu sehen, sah Claudia Obsthändler, Wahrsager, Astrologen und Souvenirverkäufer. Sie boten ihre Waren und Dienste an und versuchten noch vor Beginn der Rennen ein Geschäft zu machen.

Lange Schlangen hatten sich vor den Eingängen gebildet und es dauerte fast drei Stunden, bis Claudia über die

Aufgänge in den Innenraum des Circus Maximus gelangte. Wenn ihr Plan funktionieren sollte, musste sie einen Platz in der Nähe der Kaisertribüne bekommen. Die Leute machten sich über sie lustig, denn es war nicht üblich, dass ein kleines Mädchen ohne Familie oder Sklaven in den Circus ging. Sie bereute es jetzt, dass sie ohne Bulbus losgerannt war.

Nach etwa einer weiteren Stunde hatte Claudia einen Platz auf der linken Seite in Sichtweite der Kaisertribüne ergattert. Sie blickte hinüber und versuchte den Thron zu erkennen, auf dem Kaiser Titus bald Platz nehmen würde. Doch sie sah nur die Leibwache des Kaisers: Prätorianer, die in ihren schwarzen Rüstungen wie eine dunkle Wand die Kaisertribüne vor neugierigen Blicken abschirmten. Sie zog sich einen Teil ihres Mantels zum Schutz vor der Sonne über den Kopf und wartete.

Nach einer Weile besetzten die Senatoren unterhalb der Kaisertribüne ihre Plätze. Es erklang eine Fanfare, die den Kaiser ankündigte. Bald darauf erschien der Kaiser. Aus Tausenden von Kehlen jubelten ihm die Menschen zu, als er seine Loge betrat.

Jetzt oder nie!, dachte Claudia.

Sie erhob sich von ihrem Platz und versuchte zur Tribüne vorzudringen. Sie musste viele Leute von ihren Sitzen aufscheuchen und erntete dafür giftige Blicke und Beschimpfungen. Nach einigem Drängeln und Schieben kam sie bei der schwarzen Wand der Prätorianer an.

„Bitte, ich muss dringend den Kaiser sprechen!", sagte sie laut, um gegen das Getöse im Circus anzukommen.

„Was willst du?", raunzte der angesprochene Soldat. „Zum Kaiser? Machst du Witze, Kleine?"

„Nein. Ich muss wirklich dringend zu ihm!"

„Bitte deinen Vater, dass er dich zu einer Audienz beim Kaiser mitnimmt. Und jetzt geh! Wir haben hier Wichtigeres zu tun."

„Bitte! Es geht um Leben und Tod!"

„Es geht immer um Leben und Tod, wenn jemand den Kaiser dringend sprechen will. Also setz dich wieder hin oder wir bringen dich persönlich nach Hause zu deinem Vater." Er grinste hämisch und schubste Claudia leicht an der Schulter, sodass sie einen Schritt zurückweichen musste. „Verschwinde!"

Claudia war so enttäuscht und wütend, dass ihr Tränen in die Augen traten. Sie drängelte sich wieder durch die grölende Menschenmenge zum Ausgang. Was sollte sie nur tun? Sie drehte sich noch einmal um und blickte auf die gewaltige Rennbahn, auf der das erste Rennen begonnen hatte. Wenn sie nur irgendwie auf sich aufmerksam machen könnte. Wenn der Kaiser sie nur sehen könnte …

Plötzlich kam ihr eine Idee. Sie musste sich auf der anderen Seite der Rennbahn gegenüber der Kaisertribüne postieren. Von dort aus würde es gehen. Sie rannte die Treppen hinunter und lief außen um den Circus Maximus herum.

14. Kapitel: Im Circus Maximus

Claudia brauchte fast eine halbe Stunde, um von der einen Seite des Circus auf die andere zu gelangen. Da die Rennen schon begonnen hatten, herrschte nicht mehr viel Betrieb auf den Gängen und Treppen. Die Zuschauer saßen oder standen auf ihren Plätzen und schauten johlend dem Geschehen auf der Rennbahn zu.

Claudia fand einen Platz auf dem untersten Rang des Circus. Direkt unter ihr lag die Rennbahn, auf der gerade fünf Pferdegespanne mit Getöse vorüberrasten. Ihr Blick wanderte über die gewaltige Arena, in der gerade etwa hunderttausend Menschen ihre Lieblingswagenlenker anfeuerten. Die Vierergespanne fuhren unter dem Schreien und Jubeln der Zuschauer um die Wendemarken an den beiden Enden der Rennbahn herum. Sieben Runden lang ging das so, begleitet von einem ohrenbetäubenden Lärm. Claudia wartete auf das Ende des ersten Rennens. Dann wollte sie ihre letzte Chance nutzen, den Kaiser auf sich aufmerksam zu machen.

Das erste Rennen war vorbei. Claudia schaute von ihrem Platz auf die Rennbahn hinunter. Einige Sklaven räumten die traurigen Überreste des Rennens aus der Arena: einen kaputten Wagen, ein totes Pferd, einen verletzten Wagenlenker. Es hatte einen schweren Unfall gegeben. Das kam häufig vor. Heute würden noch ungefähr vierzig Rennen stattfinden und das bedeutete viel Unglück für Mensch und Tier.

Eingehend untersuchte Claudia die Blumengirlanden, mit denen der Rand der Rennbahn geschmückt war. „Stabil", murmelte sie leise. Mit einem Satz sprang sie auf den steinernen Rand der Zuschauertribüne, ergriff eine der Girlanden und seilte sich daran ab. Einige Leute riefen ihr hinterher, sie solle mit dem Blödsinn aufhören und sofort zurückkommen. Doch Claudia kletterte langsam in die Arena hinunter. Die Mauer ist doch ziemlich hoch, dachte sie kurz und ihr wurde schwindelig. Etwa auf halber Höhe verharrte sie für einen Moment und versuchte sich neuen Mut zuzusprechen. Dann ließ sie sich weiter hinab und landete schließlich auf der sandigen Rennbahn.

Mit rasendem Puls drehte sie sich um. Der Kaiserthron lag noch weit entfernt auf der anderen Seite der Arena. Claudia rannte durch den zerfurchten Sand und sah die Tribüne des Kaisers immer deutlicher vor sich. Es fehlten noch ungefähr fünfzig Meter. Sie war jetzt nah genug, dass der Kaiser sie sehen konnte. Claudia riss ihre Arme in die Luft und winkte weit ausholend. Gleichzeitig rief sie so laut, wie sie nur konnte: „Edler Kaiser! Kaiser Titus!"

Claudia raffte gerade ihren Umhang hoch, um besser laufen zu können, als sie dumpfes Hufgetrampel hörte. Sie schaute nach links und sah zu ihrem Entsetzen, dass soeben ein neues Rennen begonnen hatte. Die Gespanne waren so wild, dass sie nicht mehr zu halten waren. Manchmal kam es vor, dass ein Lenker vom Wagen fiel, aber selbst dann stürmten die Pferde einfach weiter und zertrampelten alles, was ihnen im Weg stand. Und hier, mitten auf der Rennbahn, befand sich Claudia! Sie musste so schnell wie möglich weiterlaufen, aber sie konnte nicht. Vor Schreck war sie wie erstarrt.

Mittlerweile hatten die meisten Zuschauer – unter ihnen auch der Kaiser – erkannt, dass ein junges Mädchen auf der Rennbahn stand. Sie begannen zu schreien und mit den Armen zu fuchteln. Die Wagenlenker sahen es ebenfalls und versuchten mit aller Gewalt, nach links oder rechts auszuweichen. Claudia wurde vor Angst fast

ohnmächtig, als die Wagen immer näher kamen. Sie kniff die Augen zusammen und fügte sich in das scheinbar Unvermeidliche. Jetzt waren die Gespanne bei ihr: ein Beben unter ihren Füßen, ein Luftzug, der Geruch von Pferdeschweiß, die wütenden Schreie der Lenker, das Wiehern und Schnauben der Pferde und dann …

Dann waren sie vorbei. Wie durch ein Wunder stand Claudia immer noch auf ihren Beinen. Eine Wolke aus Sand und Dreck hüllte sie ein. Als sie die Augen öffnete, sah sie, dass die Gespanne schon die erste Wendemarke erreicht hatten. Die lähmende Starre ließ nach und sie merkte, wie ihre Beine unter ihr zusammensackten. Doch da waren auch schon Prätorianer bei ihr und trugen sie von der Rennbahn. Von den Rängen glaubte sie das Aufatmen Tausender von Menschen zu hören.

„Bringt sie zum Imperator! Er will mit ihr sprechen", sagte eine befehlsgewohnte Stimme hinter ihr. Man trug sie die Stufen zur Tribüne des Kaisers hinauf. Aus den Augenwinkeln sah sie Senatoren, die neugierig aufgesprungen waren.

„Das ist ja meine Tochter!", hörte sie ihren Vater fassungslos rufen und sah, wie er sich aus seiner Senatorenreihe herausdrängelte. Seltsamerweise schien er nicht wütend zu sein. „Claudia, beim Jupiter! Bist du verletzt? Was machst du hier? Wie kommst du hierher?"

Doch Claudia konnte nur kleinlaut antworten: „Ich muss den Kaiser sprechen, es ist wichtig."

Ihr Vater folgte dem Prätorianer, der seine Tochter trug. Bevor sie beim Kaiserthron ankamen, wurde er jedoch von Prätorianern zurückgehalten. Nur Claudia brachte man vor den Kaiser. Dabei hätte sie ihren Vater jetzt doch lieber an ihrer Seite gehabt. Vorsichtig wurde sie auf dem Boden abgesetzt und die Hand des Mannes, der sie getragen hatte, lag leicht auf ihrer Schulter.

Vor ihr saß Imperator Titus Caesar Vespasianus Augustus, Pontifex Maximus, Pater Patriae, Beherrscher des Römischen Reiches, Konsul Roms. „Die Götter müssen dich wirklich lieben, wenn sie dir so viel Glück mit auf den Weg gegeben haben. Gibst du mir etwas davon ab? Ich kann es gut gebrauchen."

Claudia suchte nach den richtigen Worten, war aber zu nervös, um eine passende Antwort zu finden. Nach einem Räuspern schluckte sie den Staub von der Rennbahn hinunter und versuchte so laut wie möglich zu sprechen: „E…edler K…K…Kaiser! Edler Kaiser! Ich habe einen Freund, Lucius heißt er. Er braucht dringend Eure Hilfe.

Lucius ist der Letzte der Familie Verus und man hält ihn zu Unrecht als Sklaven. Ich kann Euch eine Geschichte erzählen, die seine edle Herkunft beweist. Allerdings müsste ich Euch dazu unter vier Augen sprechen."

Der Kaiser hatte sich bei Claudias kleiner Rede leicht nach vorn gebeugt und ließ sich nun wieder in seinen Thron zurücksinken. Er gab den Soldaten ein Zeichen und die Hand verschwand von Claudias Schulter. Dann winkte er Claudia zu sich heran. „Ich hoffe, die Geschichte ist gut", sagte Titus leise und betont langsam. „Ich höre!"

Claudia holte tief Luft. Ihre Stimme zitterte ein wenig, als sie flüsterte: „Ihr habt einmal mit dem Vater von Lucius vor einem Rennen Eurem Gegner einige Bucheckern unter den Sattel gelegt. Das Pferd ist dann bei dem Wettkampf durchgegangen. Was soll ich sagen? Ihr habt gewonnen und zudem viel Gold erhalten. Der Einzige, der davon wusste, war Euer Freund Julius Gemellus Verus, der Vater von Lucius. Und jetzt …", sie hielt inne und fühlte, wie sie errötete, „… wissen es auch Lucius und ich."

Der Kaiser schaute sie lange ernst an, was Claudia sehr verunsicherte. Vielleicht war die Idee mit der geheimen Geschichte doch nicht so gut gewesen. Möglicherweise würde man sie jetzt verhaften. Sie versuchte zu lächeln, aber es gelang ihr nicht besonders gut.

„Senator Flaccus!", rief der Kaiser plötzlich.

„Ja, Imperator?", antwortete Claudias Vater mit einem unüberhörbaren Beben in der Stimme und verneigte sich tief.

„Seid Ihr der Vater dieses Mädchens?"

„Ja, mein Kaiser. Claudia Marcella ist ihr Name." Der Senator ahnte nichts Gutes.

„Claudia Marcella, hm", sagte Titus nachdenklich und schaute das Mädchen noch immer aufmerksam an. „Ich glaube, deine Tochter Claudia Marcella muss mir einiges über ihren Freund Lucius und dessen Vater erzählen."

Damit erhob er sich, nahm Claudia an die Hand und verließ mit ihr die Kaiserloge. „Sag mir, Claudia Marcella, wo hält sich dein Freund Lucius gerade auf?"

15. Kapitel: Das war knapp!

Ein spitzer Gegenstand bohrte sich in Lucius' Schulter. Schlaftrunken und voller Panik sprang er in seinem Käfig auf. Ein Kichern ließ ihn herumwirbeln.

„Oho!", rief ein buckliges Männlein mit Ohren, die denen einer Fledermaus sehr ähnlich waren, und trat einen Schritt von den Käfigstäben zurück. „Hab ich dich erschreckt? Hihi … Bist 'n komisches Raubtier … Oder bist'e Futter? Raubtierfutter? Hihi!"

„Wer bist du?", fragte Lucius unsicher den kleinen, hässlichen Mann, der eine Mistgabel in der Hand hielt.

„Corax, kaiserlicher Bestienstall-Entmister in der Großen Gladiatorenschule."

„Corax! Mach mir bitte die Käfigtür auf und lass mich raus. Man hat mich entführt und zu Unrecht hier eingesperrt", bettelte Lucius.

„Ich bin doch nicht verrückt! Wenn du hier drinsitzt, hat das schon seinen Grund … Und reg meine Tierchen nicht zu sehr auf!" Damit schulterte er seine Gabel und verschwand im Dunkeln des unterirdischen Stalles.

„Bitte, Corax! Hilf mir!", rief ihm Lucius hinterher.

Aber statt einer Antwort hörte er nur ein lautes, metallisches Lachen. Dann sah er, wie zwei Gestalten die Treppe vom Hof hinunterkamen. Die Luke krachte laut hinter ihnen zu.

„Niemand wird dir helfen, Lucius Gemellus Verus!" Lucius erkannte sofort die Stimme seines Onkels. Zusammen mit Rodan kam er in den Stall hinunter, durchquerte das Verlies und stellte sich breitbeinig vor Lucius' Käfig.

„Endlich kann ich mich mit meinem Neffen unterhalten, ohne gestört zu werden!", rief Metellus hämisch und grinste breit. „Das ist schön. Findest du nicht auch, Lucius?"

Lucius merkte, wie er wütend wurde. Er dachte an seinen Vater und versuchte sich vorzustellen, wie er wohl gestorben war. Von Pfeilen durchbohrt wie Ulbius? Oder erschlagen? Voller Zorn drängte er sein Gesicht zwischen die Gitterstäbe und spuckte Metellus an. „Für meinen Vater!", brüllte er und sah, wie Rodan mit seinem Knüppel ausholte.

Doch Metellus hielt ihn zurück. „Rodan, lass! Er hat ja recht! Ich bin der Mörder seines Vaters. Anders konnte ich nicht an das Vermögen der berühmten Familie Verus gelangen. Nach dem tragischen Tod deiner Mutter, meiner Schwester, musste ich nur noch dafür sorgen, dass außer mir keine Erben mehr übrig blieben. Ich hatte Schulden. Ich brauchte Geld. Und dein geiziger Vater wollte mir keines geben."

Onkel Metellus trat noch etwas näher an den Käfig heran und zischte höhnisch: „Jetzt bekomme ich alles und du stirbst, Lucius! Dann ist die Familie Verus wieder vereint. Im Elysium!" Er lachte laut, als er in die zornigen Augen seines Neffen sah.

Lucius schwieg. Die Worte seines Onkels hatten ihm die Sprache verschlagen. Er war diesem Ungeheuer in die Hände gefallen und würde nun einem Löwen als Fraß dienen.

„Nun denn", räusperte sich Metellus. „Jetzt kann der Wettkampf Mensch gegen Bestie beginnen."

„Onkel?"

„Ja, mein lieber Neffe", kicherte Metellus.

„Wer hat dir mein Versteck verraten?"

„Oh, das war ein Mädchen namens Julia Tullia. Eine aufgeweckte junge Dame. Und jetzt los!"

Lucius sah, wie sich Rodan an einer Kette zu schaffen machte. Mit ohrenbetäubendem Quietschen öffnete sich die Gittertür zum Nachbarkäfig. Ein mächtiger Löwe, abgemagert bis auf die Knochen, erhob sich und tappte langsam auf den neuen Durchgang zu.

„Hier, das kannst du sicher gebrauchen!", rief Metellus und warf einen Stock in Lucius' Käfig.

Lucius ließ den Löwen keinen Augenblick aus den Augen, als er nach dem Stock griff. Er war nicht sehr lang und auch nicht besonders stabil. Einen Angriff konnte man damit nicht abwehren. Aber vielleicht konnte er den Löwen in Schach halten, bis … Ja, bis wann eigentlich? Auf Hilfe brauchte Lucius nicht zu hoffen. Niemand wusste, wo er sich befand.

Lucius begann wie verrückt zu schreien. Den Löwen schien das wenig zu beeindrucken. Langsam war er in Lucius' Käfig getrottet und fixierte sein Opfer. Trotz seines augenscheinlichen Hungers war er vorsichtig. Er blieb in der Mitte des Käfigs stehen, schüttelte seine Mähne und knurrte den schreienden Lucius an. Nur noch ein knapper Meter trennte den Jungen von dem ausgehungerten Tier. Spielerisch schlug der Löwe mit einer Pranke nach dem Stock. Immer wieder riss er sein Maul auf und fauchte, wenn ihm Lucius auf die Nase schlug. Dann bemerkte Lucius, dass das Raubtier seine Krallen ausgefahren hatte. Jetzt wurde es ernst! Den Kopf schräg gelegt, brüllte der Löwe und Lucius sah, wie sich

der Körper des Tieres zum Sprung anspannte. Gleich würde er Lucius packen und …

Wie durch dichten Nebel hörte Lucius plötzlich Stimmen: „Im Namen des Imperators! Haltet den Löwen zurück!"

Lucius vernahm einen Peitschenknall und der Löwe zuckte zusammen. Ein Mann mit einer Peitsche und einer Lanze gab dem Löwen lautstark Befehle. Überraschenderweise gehorchte das Tier und zog sich zurück. Lucius wusste nicht, wie ihm geschah, als er gepackt und aus dem Käfig geholt wurde.

„Lucius, bei Minerva! Den Göttern sei Dank, das war Rettung in letzter Minute!" Eine überglückliche Claudia sprang auf Lucius zu und umarmte ihn.

Er schaute sich verwundert um. Überall standen Legionäre in den schwarzen Rüstungen der Prätorianer. Einer hatte den vollkommen überrumpelten Metellus gepackt und hielt ihm ein Schwert an die Kehle. Rodan lag mit gefesselten Händen am Boden. Ein Prätorianer kniete mit einem Bein auf ihm, als sei er ein erlegtes Wild.

Oben an den Treppenstufen, im Gegenlicht der Luke, erkannte Lucius schemenhaft eine Person. Lucius ahnte, wer dort stand.

„Komm her zu mir!", sagte der Mann gebieterisch.

Lucius befreite sich von Claudia, die ihn noch immer umarmt hielt. Langsam stieg er die Treppe hinauf.

„Dreh dich um!", sprach Kaiser Titus, als Lucius direkt vor ihm stand. Lucius folgte dem Befehl. Es wunderte ihn allerdings, dass der Kaiser ihm nun mit seinen Händen durchs Haar fuhr.

„Wenn es stimmt, was mir deine kleine Freundin erzählt hat, dann bist du Lucius Gemellus Verus. Dein Vater besuchte mich einmal mit dir im Palast. Damals konntest du kaum laufen und bist ein paar Stufen heruntergefallen. Du hast dir dabei eine große Platzwunde zugezogen, daran erinnere ich mich genau. Ich müsste dich an einer Narbe am Hinterkopf erkennen." Titus fuhr dem Jungen weiter durchs Haar – bis er plötzlich innehielt.

„Tatsächlich! Da ist sie! Du bist in der Tat der Sohn von Julius Gemellus, meinem lieben Freund." Titus nahm Lucius an die Hand und schritt mit ihm die Treppe hinunter.

Vor Metellus blieb er stehen. „Dem Kaiser entgeht nichts, selbst wenn es in einem noch so entfernten Winkel seines Reiches geflüstert wird!" Er sah Metellus, der vor Angst zitterte, durchdringend an. Dann drehte er sich um und rief: „Corax! Wo ist denn dieses Fledermausohr?

Sag mir, was du eben hier gehört hast. Und lass nichts aus!"

Lucius sah, wie der kleine, bucklige Mann aus dem Dunkeln des unterirdischen Stalles hervortrat. „Wie Ihr befehlt, mein Kaiser!"

Was noch zur Geschichte gehört

Lucius ging es ausgezeichnet. Zusammen mit Claudia saß er im Garten der prächtigen Villa Verus, die ihm unglaublich prunkvoll erschien. Claudia aber meinte, eines Senatorensohns wäre sie durchaus würdig.

Der Kaiser hatte ihn als Sohn des Julius Gemellus Verus anerkannt. Dadurch war Lucius zum Besitzer eines riesigen Vermögens geworden. Senator Flaccus, den sein schlechtes Gewissen quälte, hatte ihm außerdem Bulbus zum Geschenk gemacht. Lucius hatte den Sklaven umgehend freigelassen und ihn gefragt, ob er nicht für ihn arbeiten wolle. Damit war Bulbus einverstanden gewesen. Allerdings vermisste Lucius seine Mutter und seinen Vater mehr denn je. Oft dachte er wehmütig an ihre gemeinsame Zeit in Germanien zurück.

Im Augenblick aber wollte er noch einmal ganz genau wissen, was sich bis zu seiner Rettung abgespielt hatte. Claudia schilderte ihr Abenteuer im Circus Maximus. Dann berichtete sie, was geschehen war, nachdem sie zusammen mit dem Kaiser den Circus verlassen hatte: „Wir wussten von Asiaticus, wohin man dich gebracht hatte. Die Geschichte von deinem Vater und ihm selbst machte den Kaiser hellhörig. Er wollte aber noch einen Beweis. Außerdem interessierte ihn, ob Metellus Proculus wirklich so ein durchtriebener Kerl war, wie ich behauptete. Deshalb sind wir zur Gladiatorenschule gegangen: der Kaiser, ich und mindestens hundert Prätorianer." Claudia ahmte Julia Tullias hochnäsige Stimme nach. „Als wir ankamen, berichtete uns der Verwalter, dass du unten in einem der Ställe sitzen würdest. Metellus Proculus aber hätte sich noch nicht blicken lassen. Wir versteckten uns daher in den Gängen der Gladiatorenschule und warteten." Claudia machte eine Pause.

„Jetzt erzähl schon weiter!", drängte Lucius.

„Kurz darauf erschienen Metellus und Rodan. Sie verschwanden in der Luke und ein paar Minuten später hörten wir den Löwen brüllen. Als wir dann auch noch deine Schreie hörten, stiegen wir hinunter ins Verlies."

„Beinah wärt ihr zu spät gekommen!"

„Ja, es war wirklich knapp …" Claudia schaute etwas betreten. „Aber wir hatten ja Glück! Der Kaiser hat Spione, auch in der Gladiatorenschule. Kaiser sind ziemlich misstrauisch und wollen ständig über alles informiert sein. Tja, und Corax, dieser hässliche alte Stallbursche, ist ein echtes Fledermausohr. In der ganzen Stadt passiert nichts, was er nicht erfährt. Deswegen konnte er dem Kaiser Wort für Wort von Metellus' Geständnis berichten. Aber das hast du ja selbst mitbekommen." Nachdem Claudia ihren Bericht beendet hatte, fragte sie Lucius: „Was passiert denn jetzt mit deinem Onkel und seinem Sklaven Rodan?"

„Nun ja." Lucius naschte von dem Kuchen, der zwischen ihnen auf der Bank stand. „Schließlich ist er mein Onkel. Deshalb wollte ich nicht, dass er in der Arena mit den Löwen kämpfen muss. Wenn er die nächsten Jahre im Bergwerk verbringt, würde mir das reichen. Aber der Kaiser ist wohl anderer Meinung. Er überlegt sich noch, was mit Onkel Metellus passieren soll."

„Und Rodan?"

„Rodan schuftet schon in den Kupferminen, trotz seines Hinkebeins. Da war die Sache klar. Er wird wohl im

Stollen sterben." Rodan tat ihm trotz seiner Verbrechen leid – aber nur kurz. Mitgefangen – mitgehangen, das hatte Rodan selbst gesagt.

„Was geschieht mit Julia Tullia?" Claudia konnte ihre Neugier kaum zügeln.

„Da sollen wir, du und ich, uns selbst etwas einfallen lassen, meinte der Kaiser. Julia Tullia zu bestrafen, sei unter seiner Würde."

„Und?", fragte Claudia voller Tatendrang.

„Was, und?"

„Hast du schon eine Idee?"

Wörter, die ihr vielleicht nicht kennt

Ädil
: eine Art Polizeibeamter, der unter anderem die Aufsicht über öffentliche Gebäude und Märkte innehatte

Amphore
: zweihenkliges Gefäß zur Aufbewahrung von Wein, Öl und anderen Flüssigkeiten

Arena
: ein mit Sand bestreuter Kampfplatz, zum Beispiel im *Circus Maximus*

Atrium
: rechteckiger Hof in der Mitte des Hauses, von einem Säulengang umgeben

Audienz
: feierlicher Empfang bei einer vornehmen Person

Aventin
: einer der sieben Hügel Roms

Barbaren
: ungesittete, rohe Menschen ohne Bildung

Basilica
: eine Markt- oder Gerichtshalle auf dem *Forum Romanum*

Catasta
: hölzernes Schaugerüst zur Ausstellung verkäuflicher Sklaven

Charon	Figur der griechischen Mythologie: bringt die Verstorbenen über den Totenfluss ins Totenreich
Circus Maximus	größter Veranstaltungsort von Wagenrennen und Kampfspielen in Rom
Elysium	in der griechischen Mythologie das Land der Seligen in der Unterwelt
Emporium	Ansammlung von Lagerhäusern am *Tiber*
Esquilin	einer der sieben Hügel Roms
Forum Boarium	Marktplatz, vor allem als Viehmarkt genutzt
Forum Romanum	der Mittelpunkt des öffentlichen und geschäftlichen Lebens von Rom, umgeben von Tempeln und öffentlichen Gebäuden
Galeere	gerudertes Kriegsschiff
Gallien	heutiges Gebiet von Frankreich und Belgien, unter Caesar von den Römern erobert

Garum	pikante Fischsauce
Germanien	Siedlungsgebiet der Germanen, heutiges Gebiet von Deutschland nördlich der Donau
Gladiator	Berufskämpfer, meist Kriegsgefangener oder Sklave
Grammaticus	Sprachlehrer
Iberer	Volksgruppe, die das heutige Spanien besiedelte
Imperator	Herrscher, Gebieter, heute vergleichbar mit Kaiser
Imperator Titus Caesar Vespasianus Augustus, Pontifex Maximus, Pater Patriae	Ehrentitel des Kaisers Titus: Herrscher und Kaiser Titus, Sohn des Vespasian, höchster Priester, Vater des Vaterlands
Jupiter	ältester und höchster Gott der Römer
Kaiser Titus	römischer Kaiser, 79 – 81 n. Chr.
Kaiser Vespasian	römischer Kaiser, 69 – 79 n. Chr., Vater von *Kaiser Titus*

Klienten	ärmere Bürger, die sich bei einem Vornehmen durch Dienste Unterhalt und andere Vorteile verschafften
Legat	General
Legion	Heer, Truppe von bis zu 6000 Mann
Legionär	Legionssoldat
LVCIVS	lateinische Schreibweise von Lucius; im Lateinischen gab es kein U, stattdessen wurde ein V verwendet
Mars	Gott des Landbaus und des Krieges
Minerva	Göttin der Weisheit und der Künste
Mogontiacum	heutiges Mainz
Ostia	Hafenstadt Roms an der Tibermündung
Palatin	einer der sieben Hügel Roms
Pilum	Wurfspieß
Prätorianer	kaiserliche Leibwache
Procurator	Vorsteher der Gladiatorenschule

Salve!	Sei gegrüßt!
Senator	Mitglied des Senats, des Rates der Ältesten
Spartacus	Anführer der aufständischen Sklaven und Gladiatoren 73 – 71 v. Chr.
Tempel der Diana	Tempel der Göttin der Fruchtbarkeit und der Jagd, lag auf dem *Aventin*
Tempel des Hercules Victor	Tempel des Gottes des Sieges und des Handels auf dem *Forum Boarium*, heute noch erhalten
Therme	warmes Bad
Tiber	Fluss durch Rom
Toga	Obergewand aus weißer Wolle; *Senatoren* trugen eine mit einem Purpurstreifen gesäumte Toga
Tunika	kurzärmeliges Untergewand bis zu den Knien, durch einen Gürtel zusammengehalten
Wachstafel	mit Wachs beschichtete Tafel, in die man mit einem Griffel Buchstaben einritzte

Leseprobe aus:

Wolfgang Gröne,

Benedikt
und die Brückenbande

Schulausgabe erschienen im
Hase und Igel Verlag, München
ISBN 978-3-86760-056-9
Begleitmaterial für Lehrkräfte
ISBN 978-3-86760-356-0

Die Gasse lag schon fast in völliger Dunkelheit. Die Giebel der Häuser ragten hoch über uns auf. Im Widerschein der untergehenden Sonne wirkten sie wie gigantische Vögel, die auf uns heruntersahen. Sie schienen zu überlegen, ob sie uns sofort oder später aufpicken sollten.

„Was macht ihr hier?" Osto hatte das Wort ergriffen und schaute uns fragend an. Giselbert kaute gelangweilt irgendetwas Undefinierbares.

Vor Aufregung war mein Mund völlig ausgetrocknet und ich musste schlucken. Mit näselnder Stimme – es sollte ritterlich klingen – erklärte ich: „Mein Freund Norbert und ich haben einen Abendspaziergang gemacht. Nun wollen wir uns zurück in unser Haus begeben." Fast hätte ich *unsere Burg* gesagt.

Giselbert rülpste laut. „Erzähl keinen Unsinn, Mönchlein, und gib das Geld her. Meinetwegen auch Schinken. Und gnade euch Gott, wenn ihr unseren Brückenzoll vergessen habt!", blaffte er rüde. Dann schob er sich etwas in den Mund und begann aufs Neue zu kauen.

Norbert trat nervös von einem Bein aufs andere. Es war wohl nicht nur die Angst. Über uns krähte ein Rabe. Ich musste sofort an die Hinrichtung denken, die ich vor zwei Wochen auf dem Marktplatz gesehen hatte. Hatte Osto da nicht seinem Vater geholfen?

„Du hast es vergessen, stimmt's?", höhnte Giselbert schmatzend. „Mönchlein, Mönchlein …" Er schüttelte den Kopf und schien tief enttäuscht. „Du hast immer so schön gezahlt, es gab nie Ärger und jetzt muss ich ein Exstempel statuieren …"

„Ein Exempel statuieren", verbesserte ich automatisch.

„Ruhe!", fauchte er mich an, „… ein Exempel statuieren, damit die anderen Mönchlein nicht denken, man könne mich täuschen. Osto, zeig diesem Tölpel das Folterinstrument. Er soll sehen, was wir mit vergesslichen Mönchlein machen!"

Schnapphahn und Einochs kicherten. Osto, der Sohn des Henkers, kramte in seinem Umhang und nahm etwas heraus, das ich nicht erkennen konnte.

Es war zu dunkel.

Aber in meiner Fantasie wurde es zu einem schartigen Messer, einer rot glühenden Zange, einem meterlangen Richtschwert. Mir war so, als holte Osto alle Arbeitsgeräte seines Vaters aus der Tasche.

Meine Nackenhaare sträubten sich und in meiner Kehle formte sich ein Schrei – aber noch bevor ich einen Mucks machen konnte, trat Osto auf mich zu. Er roch irgendwie nach Pferdeäpfeln. „Du hast meine Frage noch nicht beantwortet", erinnerte er mich.

„W…w…welche Frage?", gab ich zurück, während ich mühsam schluckte.

„Was ihr hier eigentlich macht." Osto grinste mich zynisch an. Gefühllos weidete er sich an unserer Angst.

Aber seine Frage ließ mich hoffen. Vielleicht konnte ich mit der Wahrheit das Unglück, das Norbert und mir drohte, noch abwenden. Der Kleine weinte still vor sich hin. Er tänzelte nicht mehr unruhig hin und her. Der Ärmste hatte sich dem Geruch nach gerade in die Hose gemacht.

So sprudelte ich meine Geschichte heraus: „Wir haben uns hinter einem Karren versteckt, um an euch vorbei über die Brücke zu kommen. Dabei fiel uns auf, dass dieser Wagen nicht nur Tuch oder Wolle transportierte, sondern Kriegswaren in rauen Mengen. Wir wurden neugierig und sind dem Wagen bis hierher gefolgt. Er ist in dem Tor dort verschwunden."

Ich deutete auf das heruntergekommene Haus von Wolfram, dem Wollhändler.

Die vier drehten ihre Köpfe in die Richtung, in die ich zeigte. Giselbert schwieg einen kurzen Moment und sagte dann gelangweilt: „Na und, dann handelt er eben nicht mehr mit Wolle, sondern mit Waffen. Das ist doch egal, oder? Schnapphahn, Einochs, ihr haltet das Mönchlein fest. Osto, … fang an!"

Einochs und Schnapphahn hatten mich blitzschnell gepackt und mir den Arm auf den Rücken gedreht. Norbert wurde von Giselbert festgehalten und Osto kam auf mich zu. Der Pferdeäpfelgeruch wurde immer stärker.

„Neiiiin, Giselbert!", rief ich in höchster Angst. „Versteh doch, das darf Wolfram nicht! Niemand in der Stadt außer dem Burgherrn darf mit Waffen handeln oder sie besitzen. Das ist gegen das Stadtrecht! Nur wer auf Reisen geht, darf sich zum Schutz Waffen bei der Torwache ausleihen. Wer aber damit in der Stadt erwischt wird, landet bei Ostos Vater auf dem Richtplatz. Versteht ihr nicht? Da ist eine Belohnung drin!"

Trotz der Dunkelheit sah ich, wie Giselberts und Ostos Augen aufblitzten. Eine angespannte Stille trat ein. Ich konnte fast hören, wie die Golddukaten in Giselberts Kopf klimperten und klirrten. Die Aussicht auf Geld weckt in allen Schlitzohren die blanke Gier. Unsere Peiniger schienen noch zu zögern. Doch schließlich nickte Giselbert meinen beiden Wärtern zu und sie lockerten ihren Griff.